제9판

관리회계

[연습문제 해답집]

황국재·양준선·이상완

弘文社

차 례

연습문제 해답

제2장 개별원가계산

[객관식]

해 답

1 ④ 2 ① 3 ② 4 ① 5 ④ 6 ② 7 ① 8 ② 9 ② 10 ⑤ 11 ①
12 ⑤ 13 ⑤ 14 ④ 15 ④

1

직접재료원가	50,000+500,000−60,000=	490,000	
직접노무원가		250,000	
제조간접원가	100,000+70,000=	170,000	910,000
기초재공품			70,000
기말재공품			(50,000)
기초제품			55,000
기말제품			(35,000)
매출원가			950,000

2

직접재료원가	430,000 − 15,000=	415,000	
직접노무원가		200,000	
제조간접원가		300,000	915,000
제품재고액 감소			35,000
매출원가			950,000

3

재 공 품

기　초	당기제품제조원가 4,900,000
직접재료원가(M)	기　말
직접노무원가(L)	
제조간접원가(O)	

O = ₩6,000,000×25% = ₩1,500,000
O = L×60% 이므로,
L = ₩2,500,000
M = ₩6,000,000 − (2,500,000 + 1,500,000) = ₩2,000,000

4

(단위: 천원)
직접재료원가 = 34 + 76 − 10 = 100
직접노무원가 = 400 − 100 = 300
제조간접원가 = 직접노무원가 = 300
제조원가 = 100 + 300 + 300 = 700
매출원가 = 37 + 700 − 20 + 10 − 48 = 679

5

▶ X = 직접노무원가면, X = (X + 50,000)×60% X = ₩75,000
▶ 매출원가 = ₩400,000×(1 − 40%) = ₩240,000
▶ 재고자산 전체에 관한 통합계정 작성

재고자산

기초재고자산	83,000	매출원가	240,000
직접재료매입	100,000	기말재고자산	68,000
직접노무원가	75,000		
제조간접원가	50,000		
	308,000		308,000

6

배부차이 = 실제 − 예정배부
= ₩59,000 − 36,000×150%
= ₩5,000 과소배부

7

재 공 품

기초	700,000	① 제품	3,460,000
② 원재료	1,790,000	기말	400,000
직접노무원가	x		

제 품

기초	750,000	매출원가	3,660,000
① 재공품	3,460,000	기말	550,000
	4,210,000		4,210,000

③ 직접경비	590,000		
제조간접원가	$0.5x$		
	3,860,000		3,860,000

① 당기 제품제조원가 : ₩4,210,000 − 750,000 = ₩3,460,000
② 당기 원재료원가 : ₩500,000 + 1,890,000 − 600,000 = ₩1,790,000
③ 당기 직접경비 :

외주가공비	₩180,000 + 100,000 − 80,000 =	₩200,000
설계비	₩460,000 − 150,000 + 80,000 =	390,000
		₩590,000

x = 직접노무원가면 제조간접원가는 $0.5x$이므로

x + 0.5x = ₩3,860,000 − (700,000 + 1,790,000 + 590,000)

$1.5x$ = ₩780,000

∴ x = ₩520,000

제조간접원가(예정배부) : ₩520,000 × 0.5 = ₩260,000

배부차이 : 실제 ₩300,000 − 예정배부 260,000 = ₩40,000 과소배부

8

제조간접원가

실제발생액	예정배부액	
180,000	200,000	= 1,250 × 160

초과배부 2,500 × 8 = 20,000

해설

기말재공품에 차감하여 조정된 배부차이가 ₩1,250이라는 것은 전체 조정될 금액은 ₩20,000(2,500 × 8)이고, 초과배부되었다(차감 조정)는 의미이다.

9

▶ 영업수익 : 7,400,000
▶ 영업비용 : 4,400,000 + 1,200,000 + 2,000,000* − 1,300,000** = 6,300,000
▶ 7,400,000 − 6,300,000 = 1,100,000

*기초재고, **기말재고

해설

요구사항이 영업이익이므로 매출원가와 판매관리비를 별도로 구분할 필요가 없다.

10

▶ 정상원가계산에서 제조간접원가 계정

실제발생액	예정배부액
90,000	70,000

부족배부 20,000

▶ 분개

예정배부	(차)	재공품	70,000	(대)	제조간접원가	70,000
실제발생	(차)	제조간접원가	90,000	(대)	제 좌	90,000
차이조정	(차)	매출원가	20,000	(대)	제조간접원가	20,000

11

간접재료원가=800-280-500=20

간접노무원가=700-40+100-720=40

제조간접원가=560+20+40=620

$$매출총이익=1,100-(200+300+(620-(63+27)\times\frac{600}{200})) = 250$$

12

▶ 기본원가 : 110 + 120 = ₩230

▶ 가공원가 : 120 + 200 + 30 + 60 = ₩410

▶ 당기총제조원가 : 110 + 120 + 200 + 30 + 60 = 230 + 410 - 120 = ₩520

▶ 당기제품제조원가 : 520 - 10 = ₩510

▶ 간접재료원가는 제조간접원가에 해당하며, 기간원가는 재고불능원가이다.

▶ 기본원가와 가공원가에는 직접노무원가가 각각 포함되어 있으므로 기본원가와 가공원가의 합은 당기총제조원가와 같지 않다.

13

재고자산(원재료+재공품+제품)

기 초	4,000+x	(1)	매출원가	14,000	(3)
직접재료매입액	4,500				
가공원가	9,500	(4)	기 말	9,000	(2)
	23,000			23,000	

(1) 1,000+x+3,000=4,000+x

(2) 2,000+3,000+4,000=9,000 (3) 20,000×(1-0.3)=14,000

(4) 6,000+4,000-2,000+1,500=9,500

X=23,000-4,000-4,500-95,000=₩5,000

14

제 품

기 초	5,000	매출원가	49,400
당기제품제조원가	?	기 말	8,000
	57,400		57,400

재공품

기 초	5,600	당기제품제조원가	52,400
직접재료원가	24,000		
직접노무원가	16,000		
제조간접원가	?	기 말	5,200 (1)
계	57,600		57,600

(1) 1,200+1,500+1,500÷0.6=5,200

실제 제조간접원가=57,600-5,600-24,000-16,000=₩12,000

15

④ $22,000 \times \frac{5,000,000}{X} = 4,400,000$

X=25,000

[주관식]

2-1 제품원가는 제품의 생산과 관련하여 발생된 원가로 자산화된다. 반면 기간비용은 생산과 관련이 없으며 발생한 기간에 비용으로 처리되는 원가를 의미한다.

(a) 기간 (b) 제품 (c) 제품 (d) 기간 (e) 제품
(f) 제품 (g) 기간 (h) 제품 (i) 제품 (j) 기간
(k) 기간 (l) 기간

2-2

1. 제조원가 명세서		
① 직접재료원가		
1. 기초재료	₩7,000	
2. 당기매입	118,000	
3. 기말재료	(15,000)	₩110,000
② 직접노무원가		70,000
③ 제조간접원가		
1. 간접노무원가	30,000	
2. 유지관리비	6,000	
3. 보 험 료	800	
4. 임 차 료	20,000	
5. 간접재료원가	4,200	
6. 공장감가비	19,000	80,000
④ 당기총제조원가		260,000
⑤ 기초재공품		10,000
⑥ 기말재공품		(5,000)
⑦ 당기제품제조원가		₩265,000
2. 1. 기초제품	20,000	
2. 당기제품제조원가	265,000	
3. 기말제품	(35,000)	
4. 매출원가	250,000	

당기중 생산과 관계없이 발생한 광고비 ₩90,000, 판매원 급료 ₩50,000, 감가상각비(사무설비) ₩3,000은 기간비용이다.

2-3

제조원가명세서

① 직접재료원가	78,000
② 직접노무원가	120,000
③ 제조간접원가	105,000
④ 당기총제조원가	303,000
⑤ 기초재공품	17,000
⑥ 기말재공품	(30,000)
⑦ 당기제품제조원가	290,000

손익계산서

매 출 액	500,000
매출원가	(270,000)
매출총이익	230,000
판 매 비	(80,000)
일반관리비	(110,000)
당기순이익	40,000

2-4

기말재공품 = 4,000 + 24,000 + 16,000 + 12,800 − 48,000 = 8,800

직접재료원가 = 8,800 − (2,000 + 2,000 × 80%) = 5,200

2-5

1. 조립부문 제조간접원가 예정배부율

제조간접원가 예산액/직접노동시간 = 945,000/31,500 = ₩30/직접노동시간

기계부문 제조간접원가 예정배부율

제조간접원가 예산액/기계시간 = 144,000/12,000 = ₩12/기계시간

2. 제조지령서 #514에 대한 제조간접원가 배부액

조립부문 : 3,000시간 × ₩30 = ₩90,000

기계부문 : 1,500시간 × ₩12 = ₩18,000

∴ #514에 대한 제조간접원가 배부액 = ₩90,000 + ₩18,000 = ₩108,000

2-6

1.

①	(차) 현 금	550,000	(대) 자 본 금		550,000
②	(차) 원 재 료	75,000	(대) 매입채무		75,000
③	(차) 재 공 품	45,000	(대) 원 재 료		45,000
④	(차) 재 공 품	80,000	(대) 현 금		100,000
	제조간접원가	25,000	미지급임금		5,000
⑤	(차) 소 모 품	5,000	(대) 현 금		5,000
	제조간접원가	2,000	소 모 품		3,000
	소모품비	1,000			
⑥	(차) 제조간접원가	15,000	(대) 감가상각누계액		20,000

	감가상각비	5,000		
⑦	(차) 재 공 품	42,000	(대) 제조간접원가	42,000
⑧	(차) 제 품	90,000	(대) 재 공 품	90,000
⑨	(차) 현 금	200,000	(대) 매 출	200,000
	매 출 원 가	80,000	제 품	80,000

2.

원 재 료

기 초	0	재 공 품	45,000
매 입	75,000	기 말	30,000
	75,000		75,000

재 공 품

기 초	0	제 품	90,000
직접재료원가	45,000	기 말	77,000
직접노무원가	80,000		
제조간접원가	42,000		
	167,000		167,000

완 제 품

기 초	0	매출원가	80,000
재공품	90,000	기 말	10,000
	90,000		90,000

2-7

1. 제조간접원가 예정배부율 $= \dfrac{\text{추정제조간접원가}}{\text{추정기계시간}} = \dfrac{192,000}{80,000} = 2.4/\text{MH}$

2. 제조간접원가배부액=실제기계시간×제조간접원가 예정배부율
=75,000×2.4=180,000

3. 제조간접원가 초과(부족)배부액=제조간접원가 배부액-실제제조간접원가발생액
=180,000-184,000
=(4,000)

4. 제조간접원가 예정배부율 $= \dfrac{\text{추정제조간접원가}}{\text{추정기계시간}} = \dfrac{192,000}{85,000} \fallingdotseq 2.26$

제조간접원가배부액=75,000×2.26=169,500
제조간접원가 초과(부족)배부액=169,500-184,000=(14,500)

2-8

개별 작업별로 원가계산표를 작성하면 다음과 같다.

	#1	#2	#3	#4	합 계
기초재공품	₩480,000	-	-	-	₩480,000
직접재료원가	-	₩200,000	₩400,000	₩250,000	₩850,000
직접노무원가	₩30,000	₩130,000	₩170,000	₩70,000	₩400,000
제조간접원가배부액	₩60,000	₩260,000	₩340,000	₩140,000	₩800,000

총제조원가	₩570,000	₩590,000	₩910,000	₩460,000	₩2,530,000
	완성 및 판매	완성 및 판매	미완성	미완성	

* 제조간접원가 배부율= $\frac{\text{제조간접원가 실제발생액}}{\text{직접노무원가}} = \frac{₩800,000}{₩400,000}$ = @₩2

∴ #1의 제조간접원가 배부액은 ₩30,000×@×2=₩60,000이다. 다른 제품에 대한 배부액도 동일하게 계산할 수 있다. 따라서 매출원가 (#1, #2)는 ₩1,160,000이다.

1. 매출원가 = #1 + #2 = ₩1,160,000
2. 기말재공품 = #3 + #4 = ₩1,370,000

2-9 1.

		차변	금액		대변	금액
①	(차)	원 재 료	150,000	(대)	매입채무	150,000
②	(차)	재 공 품	108,000	(대)	원 재 료	120,000
		제조간접원가	12,000			
③	(차)	재 공 품	140,000	(대)	미지급급료	200,000
		제조간접원가	60,000			
④	(차)	제조간접원가	18,000	(대)	감가상각누계액	18,000
⑤	(차)	제조간접원가	90,000	(대)	매입채무	90,000
⑥	(차)	재 공 품	189,000	(대)	제조간접원가	189,000
⑦	(차)	완 성 품	420,000	(대)	재 공 품	420,000

2.

제조간접원가

차변		대변	
원 재 료	12,000	재 공 품	189,000
노무원가	60,000		
감가상각비	18,000		
기 타	90,000		
	180,000		189,000
		초과배부	9,000

재 공 품

차변		대변	
기초재공품	0	완성품	420,000
직접재료원가	108,000		
직접노무원가	140,000		
제조간접원가	189,000		
기말재공품	17,000		

2-10 **〈추가정보 분석〉**

(a) 제조간접원가 예정배부율 = $\frac{225,000}{150,000}$ = 1.5/DLH

(b) (차) 미 지 급 금 35,000 (대) 현 금 35,500
매 출 원 가 65,000 제 품 65,000

(c) 5월 말의 기말재공품=2,000+1,000+(400×1.5)=3,600

(d) 직접시간당 임률= $\frac{1,000}{400}$ = 2.5/DLH

(e) 5월 중의 직접노무원가=9,400×2.5=23,500

(f) 5월 중의 제조간접원가 배부액=9,400×1.5=14,100

원 재 료

기 초	14,000	재 공 품	26,000
미지급금	30,000	기 말	18,000
	44,000		44,000

매 입 채 무

지 급	35,000	기 초	10,000
기 말	5,000	재료구입	30,000
	40,000		40,000

재 공 품

기 초	2,000	제 품	62,000
직접재료원가	26,000	기 말	3,600
직접노무원가	23,500		65,600
제조간접원가	14,100		
	65,600		

제조간접원가

5월중발생액	15,000	배 부 액	14,100
		부족배부	900
	15,000		15,000

제 품

기 초	25,000	매출원가	65,000
재 공 품	62,000	기 말	22,000
	87,000		87,000

1. ① 5월 중의 원재료구입액=30,000(10,000+x-5,000=35,000)
   ② 5월 중의 제품제조원가=62,000
   ③ 5월 중의 제조간접원가 배부액=14,100

2. 5월 말 현재 기말재공품=3,600

3. 5월 중의 원재료사용액=26,000

4. 4월 말의 원재료재고액=14,000(18,000+26,000-30,000)

5. 제조간접원가의 배부차액=14,100-15,000=900(부족배부액)

연습문제 해답

제3장 서비스부문원가의 배부

[객관식]

해 답

1 ② 2 ① 3 ⑤ 4 ② 5 ① 6 ① 7 ② 8 ① 9 ① 10 ③
11 ② 12 ④ 13 ③ 14 ② 15 ②

1 직접배부법은 다른 보조부문과의 용역수수는 완전히 무시한다.

$$200{,}000\times\frac{12{,}000}{12{,}000+18{,}000}=₩80{,}000$$

2 ▶ 자가소비용역은 무시하고 용역제공비율을 다시 산정하면 다음과 같다.

	용역사용부문			
용역제공부문	A	B	X	Y
A	-	40%	20%	40%
B	30%	-	40%	30%

▶ 보조부문의 원가총액

A : ₩16×120=₩1,920　B : ₩20×180=₩3,600

▶ 보조부문원가의 배부

	용역사용부문			
용역제공부문	A	B	X	Y
배부전 원가	₩1,920	₩3,600	?	?

A	(1,920)	768	384	768
B	-	(4,368)	2,496	1,872
			2,880	2,640

해 설

부문A의 다른 보조부문에 대한 용역제공비율은 40%이고, 부문B의 다른 보조부문에 대한 용역제공비율은 30%이므로 부문A의 원가부터 배부한다.

3 ▶ $S_1 = 10{,}800 + 0.2S_2$

$S_2 = 6{,}000 + 0.2S_1$

연립방정식을 풀면 $S_1 = 12{,}500 S_2 = 8{,}500$

P_2에 배부될 부문원가 = 40,200+12,500×0.5+8,500×0.4=49,850

해 설

choice ④ or ⑤ [이유] 답 〉 40,200

4

제공부문 \ 사용부문	보조부문		제공부문	
	수선부(S_1)	동력부(S_2)	P_1	P_2
수선부(S_1)	-	0.2	0.3	0.5
동력부(S_2)	2/16=0.125	-	6/16=0.375	8/16=0.5

▶ 연립방정식

S_1 = ₩50,000 + 0.125×S_2

S_2 = ₩380,000 + 0.2×S_1

∴ S_1 = ₩100,000, S_2 = ₩400,000

∴ P_1에 배부되는 원가: 100,000×0.3+400,000×0.375=₩180,000

P_2에 배부되는 원가: 100,000×0.5+400,000×0.5=₩250,000

5 ▶ 연립방정식

A=30,000+0.4B　　B = 50,000 + 0.5A

∴ A = ₩62,500　　B = ₩81,250

▶ 보조부문원가 배부

	보조부문		제조부문		
	A	B	C	D	합계
배부전원가	30,000	50,000	10,000	20,000	110,000
용역제공비율					
A		5	4	1	10
B	4		2	5	10
A	(62,500)	31,250	25,000	6,250	-0-

B	32,500	(81,250)	16,250	32,500	-0-
배부후원가	-0-	-0-	51,250	58,750	110,000

▶ C부문의 단위당 제조간접원가: ₩51,250/50개 = ₩1,025

▶ 갑의 단위당 판매가격: (₩500 + 1,025) × 1.2 = ₩1,830

6 ▶ 보조부문 S_1과 S_2의 총배부액을 각각 S_1과 S_2라 하면 다음 식이 성립한다.

$S_1 \times 0.5 + S_2 \times 0.4 = 50,000$

$S_1 \times 0.3 + S_2 \times 0.4 = 40,000$

$\therefore\ 0.2S_1 = 10,000$

$\therefore\ S_1 = 50,000, \quad S_2 = 62,500$

▶ 보조부문의 총배부액 S_1은 다음 금액으로 구성된다.

$S_1 = X + 0.2S_2$

$\therefore\ 50,000 = X + 0.2 \times 62,500$

$\therefore\ X = 37,500$

7 ▶ 상호배부법을 위한 연립방정식

$A = 160,000 + 8,000/16,000 \times B$

$B = 80,000 + 400/1,000 \times A$

$\therefore\ A = 250,000, \quad B = 180,000$

해 설

각 보조부문의 자가소비용역을 제외한 비율을 산정하여 연립방정식을 세운다.

▶ 조립부분에 배부될 보조부문원가

$250,000 \times 200/1,000 + 180,000 \times 4,000/16,000 = 95,000$

8 ▶ 갑(승용차부문)에게 배부되는 지원부문 원가

직접배부법 : $100 \times 45/95 + 100 \times 30/90 ≒ 80.7$

상호배부법 : $111^* \times 0.45 + 106^* \times 0.3 ≒ 81.75$

* $x = 100 + 0.1y,\ y = 100 + 0.05x$

연립방정식을 풀면 $x = 111, \quad y = 106$

해 설

배부되는 총원가는 정해져 있으므로 한 쪽에 많이 배부되면 다른 쪽에는 적게 배부된다. 따라서 갑에게 직접배부법이 유리하면 을에게는 직접배부법이 불리하다.

9

구 분	제품 A	제품 B
제조부문 X	1/4 X	3/4 X
제조부문 Y	3/5 Y	2/5 Y
합 계	870,000	930,000

X+Y=1,800,000

1/4X+3/5Y=870,000

3/4X+2/5Y=930,000

위 두식을 연립하여 풀면, X=₩600,000 Y=₩1.200,000

10

③ $S_2 \rightarrow P_2$: $120{,}000\times\frac{200}{800}=30{,}000$

$S_1 \rightarrow P_2$: $(100{,}000+120{,}000\times\frac{200}{800})\times\frac{40}{64}=81{,}250$

P_2 에 배부될 보주부문 원가=30,000+81,250=111,250

11

② 제조부문에 배부되지 못한 보조부문의 원가=1,500+1,000+2,500=₩5,000

구 분	제저부문	
	M1	M2
수정전 원가	26,500	33,500
1,000 추가배부	375	375
4,000 추가배부	2,125	2,125
수정후 원가	29,000	36,000

12

④ (1) 직접배부법 (3,000,000+6,000,000)×500÷(500+400)=5,000,000

(2) 단계배부법

사용부문 / 제공부문	A	B	C	D
			3,000,000	6,000,000
C 배부	1,200,000	1,500,000	(3,000,000)	300,000
D 배부	2,100,000	4,200,000		(6,300,000)
합 계	3,300,000	5,700,000		

(3) 보조부문원가배부액 감소=5,000,000−3,300,000=₩1,700,000

13 (1) 보조부문원가의 배부 및 제조부문별 제조간접원가 배부율

	보조부문			제조부문	
	생산관리부	동력부	수선부	제1공장	제2공장
배부전 원가	₩2,000,000	₩900,000	₩1,100,000	₩3,800,000	₩3,200,000
생산관리부 (0.05:0.15:0.4:0.4)	(2,000,000)	100,000	300,000	800,000	800,000
동력부 (0:0.1:0.5:0.4)	-	(1,000,000)	100,000	500,000	400,000
수선부 (0:0:0.6:0.4)	-	-	(1,500,000)	900,000	600,000
배부후 원가				₩6,000,000	₩5,000,000
공장별 작업시간				÷ 2,000시간	÷ 1,000시간
작업시간당 제조 간접원가배부율				₩3,000	₩5,000

(2) 화물선에 배부될 제조간접원가

	제1공장		제2공장		계
화물선	800시간×₩3,000	+	400시간×₩5,000	=	₩4,400,000

14 (1) 보조부문원가의 배부

	보조부문		제조부문	
	수 선	동 력	도 색	조 립
배부 전 원가	₩300,000	₩200,000	-	-
수선(0.5:0.3:0.2)	(475,000)*	300,000	₩ 142,500	₩95,000
동력(0.4:0.2:0.4)	175,000	(437,500)*	87,500	175,000
배부 후 원가			₩230,000	₩270,000
배부기준수 합계			÷ 23회	÷ 300시간
배부율			₩10,000	₩900

* 수선부문과 동력부문이 배부해야 할 원가를 각각 S_1, S_2라고 하면,

S_1 = ₩300,000 + $0.4 \cdot S_2$ … ①

S_2 = ₩200,000 + $0.5 \cdot S_1$ … ②

①과 ②를 연립해서 풀면, S_1=₩475,000, S_2=₩437,500

(2) 제품 B에 배부되는 보조부문의 총원가 = 13회×₩10,000+100시간×₩900

= ₩220,000

15

(1) 보조부문원가의 배부

	보조부문		제조부문		
	S_1	S_2	P_1	P_2	P_3
배부 전 원가	X	Y			
	₩120,000	₩270,000			
	↑	↑			
S_1	S_1 (150,000*) →	$0.2\times S_1$ 30,000	$0.4\times S_1$	$0.2\times S_1$	$0.2\times S_1$
S_2	$0.1\times S_2$ 30,000 ←	S_2 (300,000*)	$0.3\times S_2$	$0.3\times S_2$	$0.3\times S_2$
배부 후 원가			₩150,000	₩120,000	₩120,000

* $0.4\times S_1+0.3\times S_2$ = ₩150,000 … ①
$0.2\times S_1+0.3\times S_2$ = ₩120,000… ②
①과 ②를 연립해서 풀면,
S_1=₩150,000, S_2=₩300,000
X=₩150,000 - ₩30,000 = ₩120,000
Y=₩300,000 - ₩30,000 = ₩270,000

[주관식]

3-1

1. 부문개별원가: 노무원가, 재료원가
   부문공통원가: 화재보험료, 감가상각비, 전력요금
2.

	제조부문		보조부문		합 계
	절단부	조립부	수선부	동력부	
부문개별원가	11,000	5,000	3,000	6,000	25,000
부문공통원가					
화재보험료	2,250[a)]	2,250	750	750	6,000
감가상각비	1,500[b)]	1,500	500	500	4,000
전력요금	750[c)]	500	250	500	2,000
합 계	15,500	9,250	4,500	7,750	37,000

a) 6,000원×(600㎡/1,600㎡)=2,250원

3-2 1. 직접배부법

	금 액	제조부문		보조부문	
		절단부문	조립부문	수선부문	동력부문
부문원가	37,000	15,500	9,250	4,500	7,750
동력부문원가		2,000[a]	2,500	(4,500)	-
수선부문원가		4,844[b]	2,906	-	(7,750)
합 계	37,000	22,344	14,456	0	0

a) 4,500원×(40%/90%)≒2,000원
b) 7,750원×(50%/80%)≒4,844원

2. 단계배부법

배부순서 결정: 1차는 동력부문원가, 2차는 수선부문원가

	금 액	제조부문		보조부문	
		절단부문	조립부문	수선부문	동력부문
부문원가	37,000	15,500	9,250	4,500	7,750
동력부문원가		3,875[a]	2,325	1,550	-
수선부문원가		2,689[b]	3,361	(6,050)	(7,750)
합 계	37,000	22,064	14,936	0	0

a) 7,750원×(50%/100%)=3,875원
b) 6,050원×(40%/90%)≒2,689원

3. 상호배부법

총수선원가를 x라 하고, 총동력부문원가를 y라고 하면,

$x = 4{,}500 + 0.2y$ ··············· ①

$y = 7{,}750 + 0.1x$ ··············· ②

②를 ①에 대입하여 풀면, 총수선부문원가 x는 약 6,173원이 된다.
이 x값을 식 ①이나 ②에 대입시키면 총동력부문원가 y는 약 8,367원이 된다.

	금 액	제조부문		보조부문	
		절단부문	조립부문	수선부문	동력부문
부문원가	37,000	15,500	9,250	4,500	7,750
동력부문원가		2,469[a]	3,087	(6,173)	617
수선부문원가		4,184[b]	2,510	1,673	(8,367)
합 계	37,000	22,153	14,847	0	0

a) 6,173원×40%≒2,469원
b) 8,367원×50%≒4,184원

3-3

1. 단계배부법

	절단부문	조립부문	수선부문	동력부문
부문원가	50,000	70,000	30,000	20,000
배부: 동력부문	6,000[a)]	12,000	2,000	(20,000)
수선부문	21,333[b)]	10,667	(32,000)	-
합 계	77,333	92,667	0	0

a) 20,000원×(300시간/1,000시간)=6,000원
b) 32,000원×(10,000원/15,000원)=21,333원

2. 절단부문과 조립부문의 제조간접원가 배부율

   절단부문: 77,333/800=96.7원
   조립부문: 98,667/800=115.8원

3. A제품에 배부될 절단부문과 조립부문의 제조간접원가

   절단부문: 96.7×100=9,670원
   조립부문: 115.8×100=11,580원

3-4

1. 직접배부법

	금 액	제조부문		보조부문	
		절단부문	조립부문	수선부문	동력부문
부문원가	119,000	14,000	20,000	35,000	50,000
동력부문		(14,000)[)]	0	8,750	5,250
수선부문		0	(20,000)	8,000	12,000
합 계	119,000	0	0	51,750	67,250

2. 단계배부법

	금 액	제조부문		보조부문	
		절단부문	조립부문	수선부문	동력부문
부문원가	119,000	14,000	20,000	35,000	50,000
동력부문		(14,000)	2,800	70,000	4,200
수선부문		0	(22,800)	9,120	13,680
합 계	119,000	0	0	51,120	67,880

3. 상호배부법

   총동력부문원가를 x라 하고, 총수선부문원가를 y라고 하면,

   x = 14,000 + 0.25y ·············· ①

   y = 20,000 + 0.2x ·············· ②

   ②를 ①에 대입하여 풀면, 총동력부문원가 x는 약 20,000원이 된다.
   이 x값을 식 ①이나 ②에 대입하면 총수선부문원가 y는 약 24,000원이 된다.

	금 액	제조부문		보조부문	
		절단부문	조립부문	수선부문	동력부문
부문원가	119,000	14,000	20,000	35,000	50,000
동력부문		(20,000)	4,000	10,000	6,000
수선부문		6,000	(24,000)	7,200	10,800
합 계	119,000	0	0	52,200	66,800

3-5

1. A: $2,000,000 \times \dfrac{16,000,000}{50,000,000} = 640,000$

   B: $2,000,000 \times \dfrac{25,000,000}{50,000,000} = 1,000,000$

   C: $2,000,000 \times \dfrac{9,000,000}{50,000,000} = 360,000$

2. B부서는 매출을 증가시킨 성과에도 불구하고 더 많은 고정관리비를 배부받았다. B부서 관리자는 따라서 불공평하다는 느낌을 갖게 될 것이다.

3. 매출액은 그 변동이 심하고, 다른 부서의 매출변동에 영향을 받을 뿐 아니라 성과가 좋을수록(매출이 많을수록) 원가배부가 많아지므로 유용하지 않다.

3-6

1.

	승용차부서		화물차부서	
변동원가	105,000	(3×35,000)	60,000	(3×20,000)
고정원가	26,000	(52,000/80,000×40,000)	14,000	(28,000/80,000×40,000)
	131,000		74,000	

2.

	승용차부서	화물차부서
변동원가	60,000	60,000
고정원가	26,000	14,000
	86,000	74,000

3. 각각 ₩85,000씩 배부한다.
   (128,000+42,000)×20,000명/40,000명

4. 식당운영비 ₩170,000 중 ₩10,000은 식당의 비효율적인 운영으로 인한 것이고, 또 고정원가와 변동원가의 배부기준은 달라야 한다.

3-7 1. 단계배부법

	A	B	C	1	2
배부전 간접원가	140,000	105,000	48,000	275,000	430,000
배부 A	(140,000)	7,000	28,000	63,000	42,000
B		(112,000)	14,000	28,000	70,000
C			(90,000)	30,000	60,000
배부후 간접원가	0	0	0	396,000	602,000

2. 직접배부법

	A	B	C	1	2
배부전 간접원가	140,000	105,000	48,000	275,000	430,000
배부 A	(140,000)			84,000	56,000
B		(105,000)		30,000	75,000
C			(48,000)	16,000	32,000
배부후 간접원가	0	0	0	405,000	593,000

3-8 먼저 제시된 서비스부문 용역자료 중 자가소비영역을 제거한 후, 용역수수관계를 비율로 요약하면 다음과 같다.

사용부서 \ 제공부서	제조부문		서비스 부문			합 계
	절 단	조 립	동력공급	수 선	용수공급	
S_1	33%	22%	-	11%	34%	100%
S_2	50%	25%	6.25%	-	18.75%	100%
S_3	26%	53%	10.5%	10.5%	-	100%
발생원가	160,000	240,000	48,000	36,000	96,000	580,000

1. 직접배부법

	제조부문		서비스부문			
	P_1	P_2	S_1	S_2	S_3	합 계
발생원가	₩160,000	₩240,000	₩48,000	₩36,000	₩96,000	₩580,000
S_1	28,800	19,200	(48,000)			
S_2	24,000	12,000		(36,000)		
S_3	31,595	64,405			(96,000)	

배부후 원가	₩244,395	₩335,605	₩ 0	₩ 0	₩ 0	₩580,000

2. 단계배부법

먼저 배부순서를 정하여야 한다. 배부순서의 결정은 다른 보조부문에 제공한 용역비율이 제일 높은 것에 의하여 결정한다.

다른 보조부문에의 용역제공 비율 : S_1: 11%+34%=45%

S_2: 6.25+18.75%=25%

S_3: 10.5%+10.5=21%

그러므로 배부순서는 $S_1 \rightarrow S_2 \rightarrow S_3$ 순이다.

	제조부문		서비스부문			합 계
	P_1	P_2	S_1	S_2	S_3	
발생원가	₩160,000	₩240,000	₩48,000	₩36,000	₩96,000	₩580,000
원가배부						
S_1	15,840	10,560	(48,000)	5,280	16,320	
S_2	22,016	11,008		(41,280)	8,256	
S_3	39,683	80,893			(120,576)	
배부후 원가	₩237,539	₩342,461	0	0	0	₩580,000

3. 상호배부법

연립방정식

$S_1=48,000+0.0625S_2+0.105S_3$

$S_2=36,000+0.11S_1+0.105S_3$

$S_3=96,000+0.34S_1+0.1875S_2$

위의 연립방정식의 해를 풀면,

S_1=₩64,936, S_2=₩56,796, S_3=₩128,727

원가배부

	제조부문		서비스부문			합 계
	P_1	P_2	S_1	S_2	S_3	
발생원가	160,000	240,000	48,000	36,000	96,000	₩580,000
S_1	21,429	14,286	(64,936)	7,143	22,078	
S_2	28,398	14,199	3,550	(56,796)	10,649	
S_3	33,196	68,492	13,653	13,653	(128,727)	
	₩243,023	₩336,977	0	0	0	₩580,000

3-9 직접배부법은 다른 보조부문과의 용역수수는 완전히 무시한다.

$$₩200,000 \times \frac{12,000}{12,000+18,000} = 80,000$$

3-10 ▶ 단일배부율법

$$가공부문 : 300,000 \times \frac{600}{600+400} = 180,000$$

$$조립부문 : 300,000 \times \frac{400}{600+400} = 120,000$$

▶ 이중배부율법

$$가공부문 : 100,000 \times \frac{600}{600+400} + 200,000 \times \frac{1,000}{1,000+1,000} = 160,000$$

$$조립부문 : 100,000 \times \frac{400}{600+400} + 200,000 \times \frac{1,000}{1,000+1,000} = 140,000$$

연습문제 해답

제 4 장 활동기준원가계산

[객관식]

해 답

1 ⑤ 2 ② 3 ④ 4 ⑤ 5 ③ 6 ⑤ 7 ③ 8 ⑤ 9 ② 10 ⑤ 11 ⑤
12 ③ 13 ① 14 ② 15 ⑤

1 ① 인과관계가 원칙이나, 차선책으로 부담능력, 수혜기준, 공정성 공평성 등이 사용된다.
② 제조간접원가 비중이 증가할수록 더 다양한 원가동인을 배부기준으로 사용할 필요가 있다.
③ 활동기준원가계산에서는 단위수준 이외에도 뱃치수준, 제품유지수준, 설비유지수준 등 다양한 원가계층구조를 사용한다.
④ 인과관계를 제대로 반영한다면 제조간접원가를 정확하게 배부할 수 있다.

2 산업구조의 고도화로 직접노무원가가 감소하고 제조간접원가가 증가되는 상황에서 정확한 원가계산을 위하여 활동기준원가계산이 도입되었다.

3 활동기준원가계산을 적용하게 되면 전통적인 원가계산에서 고정원가로 취급했던 원가 중에 매우 많은 부분이 변동원가로 취급된다. 직접재료원가만을 변동원가로 보는 것은 초변동원가계산에 적용되는 개념이다.

4 활동기준원가계산은 사전, 사후가 모두 가능하다.

5 제품유지활동, 설비유지활동

6 ABC는 생산과 판매에 자신있는 제품의 이익이 낮고, 생산과 판매에 자신없는 제품의 이익이 높은 경우에 적용하면 그 효과가 크다.

7 활동기준원가계산의 절차는 '활동분석 및 활동중심점 설정→활동별 원가집계→활동별 원가동인선택→활동별 배부율계산→제조간접비 배부'의 순서로 이루어진다.

8 활동기준원가계산은 고객이 다양하고, 생산공정이 복잡하고, 거액의 간접원가가 발생하고, 다품종 소량생산하고, 산업 내에서 경쟁이 심한 경우에 적용하면 유용하다.

9 ① 기계작동시간은 대개 생산량과 비례한다.
② 검사원가는 검사가 뱃치 수준으로 이루어진다면 검사횟수에 비례할 것이나, 제품 전량에 대해 이루어진다고 하였으므로 단위수준원가이다.
③ 제품설계원가는 제품 유무와 관련된다.
④ 기계작업준비원가(setup costs)는 대개 준비횟수와 비례한다.
⑤ 소모품원가는 제품 생산량과 밀접한 관계가 있다.

10 ▶ 활동별 배부율

생산준비	₩ 20,000÷1,000시간=₩20
재료처리	₩ 30,000÷2,000회=₩15
기계사용	₩500,000÷20,000시간=₩25
품질관리	₩100,000÷12,500회=₩8
수선유지	₩ 40,000÷20,000시간=₩2

▶ 작업 A의 총원가

기초원가		₩300,000
제조간접원가		
생산준비	30시간×₩20=	600
재료처리	56회×₩15=	840
기계사용	4,000시간×₩25=	100,000
품질관리	70회×₩8=	560
수선유지	4,000시간×₩2=	8,000
		₩410,000

11

	활동	원가	원가동인	배부율	X제품
변경 전	엔지니어링변경	12,000	20	600	8,400
변경 후	엔지니어링변경	12,000	3,000	4	4,000

∴ 배부기준을 변경하면 X제품에 ₩4,400 과소배부된다.

12

활동	원가	원가동인	배부율	제품 A	제품 B
기계가동	84,000	5,000	16.8	33,600	50,400
엔지니어링	60,000	1,200	50.0	25,000	35,000
품질검사	41,000	25	1,640.0	16,400	24,600
	185,000			75,000	110,000

제품 A에 배부되는 총활동원가는 ₩75,000이다.

13 5,000×이동횟수/1,000+3,000×2,000/24,000+1,500×500/6,000+2.000×200/2,000=1,050(단위: 천원)
이동횟수=95회

14 단위당 가공원가 = 10×200+120×10+75×20+100×5=5,200
(50,000-5,200-단위당 직접재료원가)×50=1,500,000
단위당 직접재료원가 = ₩14,800

15 기계시간당 기계절삭작업원가 = 100,000÷(2,240+3,380+4,380)=10
조립시간당 조립작업원가 = 80,000÷(330+660+1,010)=40
품질검사횟수당 품질검사원가 = 40,000÷(12+13+15)=1,000
제품 A의 활동원가 = (2,240×10+330×40+12×1,000)÷1,500=31.73
제품 B의 활동원가 = (3,380×10+660×40+13×1,000)÷1,000=73.2
제품 C의 활동원가 = (4,380×10+1,010×40+15×1,000)÷500=198.4

[주관식]

4-1

	활동수준	원가동인		활동수준	원가동인
(a)	배 치	처리자재의 수	(e)	제 품	설계시간 수
(b)	제 품	재고부품의 수	(f)	단 위	기계시간
(c)	단 위	기계시간	(g)	설 비	공간넓이
(d)	설 비	종업원의 수	(h)	배 치	주문서 발생 수

4-2 1. 제조간접원가 배부율

(제조간접비÷직접노동시간) = $\frac{1,800,000}{36,000}$ = 50

	제품 A	제품 B
직접재료원가	₩72	₩50
직접노무원가	18	9
제조간접원가	90	45
총 원 가	₩180	₩104

2. (1)

	원가동인
기계작업준비활동	배 치
특별가공활동	제 품
공장관리	설 비

(2) 기계작업준비활동: $\frac{360,000}{150}$ = 2,400

특별가공활동: $\frac{180,000}{12,000}$ = 15

공장관리: $\frac{1,260,000}{36,000}$ = 35

각 제품의 제조간접원가계산

	제품 A	제품 B
기계작업준비	₩120,000	₩240,000
특별가공	180,000	-
공장관리	315,000	945,000
	₩615,000	₩1,185,000

(3)

	제품 A	제품 B
총간접원가	₩615,000	₩1,185,000
생 산 량	5,000	30,000
단위당 제조간접원가	123	39.5

각 제품원가계산

	제품 A	제품 B
직접재료원가	₩72	₩50
직접노무원가	18	9
제조간접원가	123	39.5
총원가	₩213	₩98.5

4-3

매출액	20회×₩20,000	₩ 400,000
매출원가	₩400,000×75%	300,000
고객주문처리비	(1,200,000×20%+800,000×40%)×20회/500회	22,400
고객관계관리비	(1,200,000×80%+800,000×60%)×1명/50명	28,800
영업이익		₩48,800

4-4

▶ 전통적 방법

총제조간접원가: 150,000×8 = ₩1,200,000

단위당 제조간접원가: 1,200,000÷50 = ₩24,000

▶ 활동기준방법

활 동	배부액
재료취급	1,000×1,000
조 립	8×40,000
검 사	15×10,000
합 계	1,470,000
	÷ 50
@제조간접원가	₩29,400

4-5

▶ 매출총이익: 500,000×(1−0.8)=100,000

▶ 주문·고객원가 : (300×70)+(300×70%×100)+(140×450)+80,000=185,000

∴ 고객 A의 이익(손실): 100,000−185,000=(85,000)

4-6 제품 X의 총생산준비횟수 = 1,250/25=50

제품 Y의 총생산준비횟수 = 800/10=80

생산준비횟수당 생산준비활동원가 = 1,690,000÷(50+80)=13,000

제품 Y의 생산준비활동원가 배부 감소액 = 100,000×80/50=160,000

연간 최대 생산준비횟수 = 130+(100,000+160,000)/13,000=150

4-7 1. 추정기계시간

특별모델	8,000(5,000×1.6시간)
일반모델	32,000(40,000×0.8시간)

간접원가 배부율: $\frac{2,000,000}{40,000} = 50$

각 모델의 단위당 제조원가

	특 별	일 반
직접재료원가	150	112

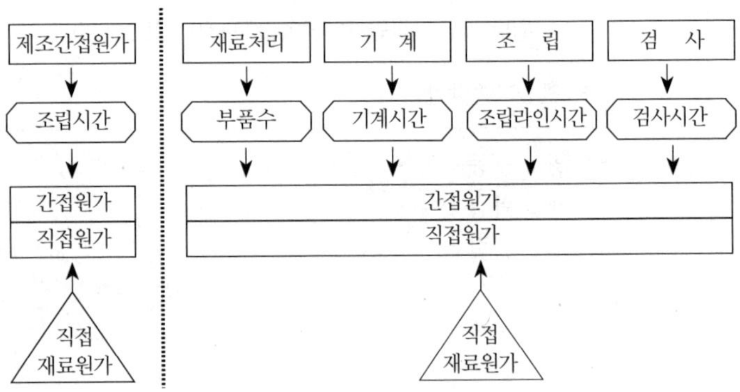

직접노무원가	16	8
제조간접원가	80	40
	246	160

2. 활동의 원가동인당 간접원가 배부율

구매주문: $\frac{84,000}{12,000} = 70$

폐물 (재작업청구): $\frac{216,000}{900} = 240$

제품검사: $\frac{450,000}{15,000} = 30$

기계관련활동: $\frac{1,250,000}{50,000} = 25$

3. (1)

	특별모델	일반모델
구매주문	28,000	56,000
폐품/재작업청구	72,000	144,000
제품검사	120,000	330,000
기계관련활용	500,000	750,000
총간접원가	720,000	1,280,000

각 모델 단위당 간접원가

특별: $\frac{720,000}{5,000} = 144$

일반: $\frac{1,280,000}{40,000} = 32$

(2) 각 모델당 단위당 제조원가

	특 별	일 반
직접재료원가	150	112
직접노무원가	16	8
제조간접원가	144	32
단위당 총원가	310	152

4. 제조간접원가 배부의 부적절성에 의하여 특별모델의 저평가(undercosted)가 이익감소의 원인이다.

4-8

1. (1) $\frac{₩198,000,000}{49,500\text{시간}} = ₩4,000/\text{시간}$

(2)

	제품별 단위당 제조원가	
	제품 A	제품 B
직접재료원가	₩36,250	₩22,000
직접노무원가	20,250*	13,500***
제조간접원가	10,800**	7,200****
	₩67,300	₩42,700

* ₩7,500/시간×2.7시간/단위=₩20,250/단위
** ₩4,000/시간×2.7시간/단위=₩10,800/단위
*** ₩7,500/시간×1.8시간/단위=₩13,500/단위
**** ₩4,000/시간×1.8시간/단위=₩7,200/단위

2. (1)

	배 부 율
기계시동	49,500,000 ÷ 250 = ₩198,000/시동횟수
특수공정	19,800,000 ÷ 18,000 = ₩1,100/CPU
공장일반관리	128,700,000÷49,500=₩2,600/시간

(2)

	제품별 제조간접원가 배부액			
	제품 A		제품 B	
기계시동	198,000×100 =	19,800,000	198,000×150 =	29,700,000
특수공정	1,100×18,000 =	19,800,000	-	
공장일반관리	2,600×13,500 =	35,100,000	2,600×36,000 =	93,600,000
합 계		74,700,000		123,300,000

(3)

	제품별 단위당 제조원가	
	제품 A	제품 B
직접재료원가	₩36,250	₩22,000
직접노무원가	20,250	13,500
제조간접원가	14,940*	6,165**
	₩71,440	₩41,665

* 74,700,0000÷5,000단위 =₩14,940
** 123,300,000÷20,000단위=₩ 6,165

3. 제품 A의 단위당 원가가 증가하는 이유는 첫째, 제품 A에 추적가능한 원가인 특수공정원가가 제품 A에 모두 배부되었고 제품 B에는 배부되지 않았다는 점과 둘째, 1회작업수준활동과 관련있는 기계시동원가가 각 제품에 수행된 시동횟수에 따라 배부되었다는 점이다. 그런데 작업규모가 작을수록 1회작업활동수준에 관한 단위당 원가는 커진다. 이러한 원가차이는 제조간접비의 제품배부기준으로 직접노동시간(또는 다른 조업도기준)을 사용하면 나타나지 않는다.

4-9 1.

	구운제품	우유와 과일쥬스	냉동제품	계
수 익	₩57,000	₩63,000	₩52,000	₩172,000
매출원가	₩38,000	₩47,000	₩35,000	₩120,000
보조원가	₩11,400	₩14,100	₩10,500	₩36,000
총원가	₩49,400	₩61,100	₩45,500	₩156,000
영업이익	₩7,600	₩1,900	₩6,500	₩16,000

영업이익÷수익	13.33%	3.02%	12.50%	9.30%

2.

	구운제품	우유와 과일쥬스	냉동제품	계
수 익	₩57,000	₩63,000	₩52,000	₩172,000
매출원가	₩38,000	₩47,000	₩35,000	₩120,000
주 문	3,000	2,500	1,300	6,800
배 달	7,840	2,880	2,240	12,960
진 열	3,660	3,320	480	7,460
고객지원	3,100	4,100	1,580	8,780
총 원 가	55,600	59,800	40,600	156,000
영업이익	₩1,400	₩3,200	₩11,400	₩16,000
영업이익÷수익	2.46%	5.08%	21.92%	9.30%

각 제품에 따른 수익, 매출원가, 활동원가 비율은 다음과 같다.

	구운제품	우유와 과일쥬스	냉동제품	계
수 익	33.14	36.63	30.23	100
매출원가	31.67	39.17	29.16	100
주 문	44.12	36.76	19.12	100
배 달	60.49	22.22	17.29	100
진 열	49.06	44.50	6.44	100
고객지원	35.31	46.70	17.99	100

3. 구운제품은 ABC 사용시 수익성비율이 떨어진다. 비록 구운제품이 매출원가의 31.67%를 차지하긴 하지만 각 활동별로 총자원에서 매우 높은 비율을 나타내고 있다. 반대로 냉동제품은 매출원가 비율보다 각 활동별 비율이 훨씬 낮다.

그러므로 ABC 아래에서는 냉동제품이 훨씬 더 수익성이 있는 제품이다. (주)신촌의 경영자는 냉동제품의 매출을 증가시키기 위한 방법을 고안하여야 하며, 또는 구운제품은 가격을 올리는 방안을 검토할 수 있다.

4-10 1. (1) ㉠ 이전 시스템 ㉡ ABC 시스템

(2) ㉠ 기존의 시스템

직접재료원가(기계 1대당) ₩3,000

간접제조원가(〃)	₩1,500	(₩100×15)
총제조원가(〃)	₩4,500	

총제조원가 = ₩4,500×50 = ₩225,000

㉡ ABC 시스템 사용

직접재료원가(기계 1대당)	₩3,000	
간접제조원가(〃)		
재료처리	₩400	(₩ 8×50)
기 계	₩816	(₩68×12)
조 립	₩1,125	(₩75×15)
검 사	₩416	(₩104×4)
총제조간접원가(기계 1대당)	₩5,757	

총제조원가 = ₩5,757×50 = ₩287,850

2. ① (주)서강은 자동화된 생산설비를 사용하고 있거나, 경쟁사보다 직접노무원가에 대한 상세한 정보를 가지고 있지 못할 수 있다.
② 노무원가는 개별 간접제조원가집합에 포함되어 있다.

3. ABC시스템은 다음의 정보를 제공한다.
① 제조 부서-생산성에 관한 의사결정과 원가관리가 간접원가율을 감소시키는 데 초점을 맞출 수 있도록 해준다.
② 마케팅 부서-가격결정과 잠재적 고객과의 협상을 도울 수 있다.

연습문제 해답

제5장 종합원가계산

[객관식]

해 답

1 ④ 2 ④ 3 ⑤ 4 ③ 5 ⑤ 6 ② 7 ② 8 ⑤ 9 ② 10 ③ 11 ②
12 ⑤ 13 ② 14 ② 15 ②

1 ② 선입선출법과 평균법의 차이는 기초재공품 환산량만큼이므로 JIT시스템에서 재고를 최소화한다면 양자의 차이는 거의 없다.

④ 오히려 선입선출법의 장점이 된다. 즉, 선입선출법에서는 당기 단위원가가 당기투입원가÷당기작업환산량으로 계산되므로 순수한 당기 성과가 된다.

2 ▶ 재공품 원가=(수량×완성도)×환산량 단위원가

▶ 평균법에서 환산량 단위원가 $= \dfrac{\text{기초재공품잔액}+\text{당기투입원가}}{\text{완성량}+\text{기말재공품환산량}}$

▶ 연초재공품과 연말재공품 수량이 같고 연말 재공품 잔액>연초재공품 잔액이라면

③ 연말재공품의 완성도가 높거나, 환산량 단위원가가 전년도보다 높았을 것이다. 즉 당기투입원가가 전년도보다 높거나, 환산량합계(당기완성량+기말재공품환산량)가 전년도보다 작았을 것이다.

①, ② 당기투입원가를 전년도보다 높게 한다.

⑤ 생산량이 전년도보다 감소함으로써 환산량 합계를 감소시키고 따라서 환산량 단위원가를 높일 수 있다.

④ 판매량 감소로 인해 연말재공품을 증가시켰다면 가능하나, 문제에서 연말재공품 수량은 변함이 없으므로 답이 될 수 없다.

3 기말재공품의 완성도 과대계상
⇒ 완성품환산량 과대계상
⇒ 완성품환산량 단가 과소계상
⇒ 완성품 원가 과소계상
⇒ 기말재공품 원가 과대계상

4 제품 완성량: 125,000+30,000−37,500=117,500
가공비 완성품환산량: 117,500 + 8,000 × 75% = 123,500

5

500(1)(0.4)	5,700
5,400	200(1)(0.8)
5,900	5,900

직접재료원가	가공원가
5,700−500	5,700−200
=5,200	=5,500
200	160
5,400	5,660

6 재공품의 재료원가 완성도는 50%+가공이 50% 넘은 경우에 50%×(가공원가 완성도−50%)×2가 된다. 완성량 4,000+기말 2,000×50%−기초 1,000×[50%+50%×(60%−50%)×2]=4,400개

7 월말재공품수량=월초재공품수량+당기투입량−완성품수량
=12,500+67,500−50,000=30,000

당기작업환산량=완성량+월말재공품환산량−월초재공품환산량
=50,000+30,000×50%−12,500×80%=55,000

가공원가환산량 단위원가 $= \frac{71,500,000}{55,000} =$ ₩1,300

월말재공품 가공원가=환산량단위원가×월말재공품환산량
=₩1,300×(30,000×50%)=₩19,500,000

8

재공품				가공원가
기 초	75,000	완 성	250,000	250,000
착 수	225,000	기 말	50,000 (0.7)	35,000
	300,000		300,000	285,000

완성품환산량 단가: (14,000+100,000) ÷ 285,000 = 0.4
기말재공품에 배부될 가공원가: 35,000 × 0.4 = 14,000

9

재공품				가공원가
기 초	9,200 (0.6)	완 성	27,200	27,200
착 수	20,000	기 말	2,000 (0.4)	800
	29,200		29,200	28,000
				@2.94

∴ 기말재공품에 포함되는 가공원가: 800×2.94=2,352

10

				재료원가	가공원가
기 초	1,000 (0.4)	기초완성	1,000	0	600
		착수완성	29,500	29,500	29,500
착 수	30,000	기 말	500(0.8)	500	400
	31,000		31,000	30,000	30,500
				@8	@10

완성품원가: 9,000+12,000+29,500×8+30,100×10=₩558,000

11 평균법과 선입선출법의 완성품환산량 차이는 기초재공품 환산량이므로

▶ 재료원가
기초재공품 환산량=78,000−66,000=12,000
원재료는 공정초기에 투입되므로 기초재공품 수량은 12,000

▶ 가공원가
기초재공품환산량=54,400−52,000=2,400
기초재공품의 진척도는 2,400÷12,000=20%

12 기초재공품의 완성품 환산량 = 85,000-73,000=12,000
기초재공품수량×30%= 12,000
기초재공품수량 = 40,000

13

$$\frac{320,000}{X} = \frac{800}{8,000+800-1,200}$$

X = 3,040,000

14 (100,000+81,000+60,500)/(500+500X완성도)=₩420(완성품단위당 원가)
∴ 완성도 = 15%

15 물량흐름

12,000	20,000
18,000	10,000

$$\text{단위당 전공정원가} = \frac{3{,}000{,}000\text{원}+18{,}000\text{개}\times200\text{원}}{10{,}000\text{개}+20{,}000\text{개}} = \frac{6{,}600{,}000\text{원}}{30{,}000\text{개}} = 220\text{원}$$

완성품 원가 = 20,000개×(220+120+180)=₩10,400,000

[주관식]

5-1

생산공정의 이해

공정진척도	0%	50%	100%
원재료	A	B	C
	D ──────────────────→		

물량흐름

기초	20,000	완성	150,000
투입	160,000	기말	30,000
	180,000		180,000

1. 평 균 법

		완성품 환산량				
	물량흐름	재료 A	재료 B	재료 C	재료 D	가공원가
당기완성품	150,000	150,000	150,000	150,000	150,000	150,000
기말재공품(60%)	30,000	30,000	30,000	0	18,000	18,000
총산출량	180,000	180,000	180,000	150,000	168,000	168,000

2. 선입선출법에 의할 경우

	물량흐름	완성품 환산량				
		재료 A	재료 B	재료 C	재료 D	가공원가
기초재공완성	20,000	0	20,000	20,000	12,000	12,000
당기착수완성	130,000	130,000	130,000	130,000	130,000	130,000
기말재공품	30,000	30,000	30,000	0	18,000	18,000
	180,000	160,000	180,000	150,000	160,000	160,000

5-2 1. 가중평균법은 완성품환산량당 원가를 계산하기 위해 현재 시점까지의 작업에 대한 완성품 환산량을 이용한다. 계산은 다음과 같다.

생산과정	(1단계) 물량단위	(2단계) 완성품환산량 전입원가	직접재료	가공원가
기초재공품	50,000			
당기착수량	200,000			
합 계	250,000			
당기 완성품차공정전출량	210,000	210,000	210,000	210,000
기말재공품*	40,000			
(40,000×100%; 40,000×0%; 40,000×40%)		40,000	0	16,000
합 계	250,000			
현재 시점까지의 작업분		250,000	210,000	226,000

* 완성도 : 전입원가 100%, 직접재료 0%, 가공원가 40%

2. 선입선출법은 완성품환산량당 원가를 계산할 때 당기 작업에 대한 완성품환산량을 이용한다. 계산은 다음과 같다.

생산과정	(1단계) 물량단위	(2단계) 완성품환산량 전입원가	직접재료	가공원가
기초재공품	50,000			
당기착수량	200,000			
합 계	250,000			
당기완성품차공정전출				
기초재공품*으로부터	50,000			

[50,000×(100%−100%); 50,000×(100%−0%); 50,000×(100%−80%)]		0	50,000	10,000
당기착수 및 완성 (160,000×100%; 160,000× 100%;160,000×100%)	160,000**	160,000	160,000	160,000
기말가공품*** (40,000×100%; 40,000×0%; 40,000×40%)	40,000	40,000	0	16,000
합 계	250,000			
당기 직업분		200,000	210,000	186,000

* 완성도: 전입원가 100%, 직접재료 0%, 가공원가 80%
** 완성전출품 210,000단위-기초재공품으로부터의 완성전출품 50,000단위
*** 완성도: 전입원가 100%, 직접재료 0%, 가공원가 40%

5-3 1.

(1단계) 물량의 흐름(수량)		(2단계) 완성품환산량 화학품 P	화학품 Q	가공원가
기초재공품	0			
당기 착수	50,000			
당기 총작업	50,000			
당기 완성품	35,000	35,000	35,000	35,000
기말재공품	15,000(100%, 0%, 2/3)	15,000	0	10,000
당기총 완성품 환산량		50,000	35,000	45,000

2.

(3단계)	총원가	화학품 P	화학품 Q	가공원가
기초재공품원가	−	−	−	−
당기투입원가	₩455,000	₩250,000	₩70,000	₩135,000
÷ 당기완성품 환산량		÷50,000	÷35,000	÷45,000
당기 완성품 환산량				
단위당 원가		₩5	₩2	₩3
(4단계)				
총원가	₩455,000			

(5단계)

완제품 및 기말 재공품 원가의 산출

완제품(35,000 단위) ₩350,000[(35,000×₩5)+(35,000×₩2)+(35,000×₩3)]

기말재공품(15,000 단위)

화학품 P	75,000	15,000×₩5		
화학품 Q	0		0×₩2	
가공원가	30,000			10,000×₩3

총재공품 원가	105,000
배부된 총원가	₩455,000

5-4

재공품				재료 A	재료 B	가공원가
기 초	5,000 (0.7)	기초완성	5,000	0	0	2,000
		착수완성	75,000	75,000	75,000	75,000
착 수		기 말	10,000 (0.3)	10,000	0	3,000
			90,000	85,000	75,000	80,000
				@40	@60	@20

∴ 기말재공품원가: 10,000 × 40 + 3,000 × 20 = 460,000

5-5

재공품(수량)			
기 초(#101)	200 (80%)	완 성	300 (#101-200개) (#206-100개))
착 수	450	기 말	350 (#105-200개)(50%) (#207-150개)(60%)
	650개		650개

당기투입된 가공원가 = ₩4,092,000

당기가공원가 완성품환산량 = 200×20%+100+200×50%+15×60%=330

당기가공원가 완성품환산량 단위당 원가 = ₩4,092,000/330=₩12,400

4월 완성품원가(#101, #206) = ₩7,896,000

#101: 직접재료원가(₩1,500,000,₩500,000)+가공원가(₩960,000+40개X₩12,400)
 = ₩3,456,000

#206: 직접재료원가(₩3,200,000)+가공원가(100개X₩12,400)=₩4,440,000

5-6 1. A공정 원가보고서 - 평균법

물량흐름

월초	1,500	완성	12,500
투입	14,500	월말	3,500
	16,000		16,000

(1) 물량흐름과 총완성품환산량

	물량흐름	완성품 환산량 재료원가	완성품 환산량 가공원가
당월완성	12,500	12,500	12,500
월말재공품(40%)	3,500	3,500	1,400
총완성품 환산량	16,000	16,000	13,900

(2) 총투입원가와 완성품환산량 단위당 원가

	재료원가	가공원가	합 계
월초재공품	₩38,000	₩26,000	₩64,000
당기투입원가	346,000	196,400	542,400
총투입원가	₩384,000	₩222,400	₩606,400
완성품환산량	÷16,000	÷13,900	
단위당원가	@₩24	@₩16	

(3) 완성품원가 및 기말재공품원가

완성품	12,500×(₩24+₩16)=	₩500,000
기말재공품완성품	3,500×₩24 =	₩84,000
가공원가	1,400×₩16=	22,400
		₩606,400

2. B공정 원가보고서-평균법

물량흐름

월초	2,400	완성	9,500
투입	12,500	월말	5,400
	14,900		14,900

(1) 물량흐름과 총완성품환산량

	물량흐름	완성품 환산량 전공정원가	완성품 환산량 재료원가	완성품 환산량 가공원가
당월완성	9,500	9,500	9,500	9,500
월말재공품(40%)	5,400	5,400	0	2,160
총완성품 환산량	14,900	14,900	9,500	11,660

(2) 총투입원가와 완성품환산량 단위당 원가

	전공정원가	재료원가	가공원가	합 계
월초재공품	₩125,800	-	₩37,440	₩163,240
당월투입원가	500,000	₩456,000	592,200	1,548,200
총투입원가	₩625,800	₩456,000	₩629,640	₩1,711,440
완성품환산량	÷14,900	÷9,500	÷11,660	
단위당 원가	@₩42	@₩48	@₩54	

(3) 완성품원가와 기말재공품원가

완성품 = 9,500×(₩42 + ₩48 + ₩54) = ₩1,368,000

월말재공품	전공정원가	5,400×42 =	₩226,800
	재료원가	0 =	0
	가공원가	2,160×54 =	₩116,640
			₩343,440

3. A공정 완성품의 대체분개
   (차) B공정 ₩500,000 (대) A공정 ₩500,000
   B공정 완성품의 대체분개
   (차) 제품 ₩1,368,000 (대) B공정 ₩1,368,000

5-7 1, 2. 재료원가와 가공원가에 대한 완성품 환산량과 총 원가 및 이 비용들을 완성품과 기말 재공품에 할당하는 계산이 다음 표에 나타나 있다.

(3단계)	총원가	재료원가	가공원가
기초재공품	₩130,000	₩60,000	₩70,000
당기투입원가	651,000	280,000	371,000
당기총원가		₩340,000	₩441,000
당기완성품환산량 단위당 원가		÷ 50,000	÷42,000
		₩6.80	₩10.50

(4단계)

총원가	₩781,000

(5단계)

완제품 및 기말재공품원가의 산출

완제품(34,000 단위) 588,200 (34,000×₩6.80)+(34,000×₩10.50)

기말재공품(16,000단위)

재료원가	108,800	16,000×₩6.80	
가공원가	84,000		8,000×₩10.50
총재공품원가	192,800		
배부된 총원가	₩781,000		

5-8 1.

	물량흐름	전공정원가	재료원가	가공원가
월초	800			
당월대체	20,000			
	20,800			
당월완성	19,000	19,000	19,000	19,000
월말 재공품	1,800 (60%)	1,800	-	1,080
	20,800	20,800	19,000	20,080
총 원 가		83,200	57,000	40,160
단위당 원가		@4	@3	@2

완성품: 19,000×(4+3+2)=171,000
기말 재공품: (1,800×4)+(1,080×2)=9,360

2.

(차)	재공품-제2공정	80,000	(대) 재공품-제1공정	80,000
(차)	재 공 품	57,000	(대) 원 재 료	57,000
(차)	재 공 품	39,520	(대) 미지급임금	30,100
			제조간접원가	9,420
(차)	제 품	171,000	(대) 재 공 품	171,000

5-9

	물 량	전공정	재료원가	가공원가
기초 재고	1,000			
당기 대체	8,000			
	9,000			
완성품	7,500	7,500	7,500	7,500
기말 재고	1,500	1,500	0	500
	9,000	9,000	7,500	8,000
원가요약				
기초재공품		10,000	-	5,000
당기 투입		71,000	15,000	63,000

총원가	81,000	15,000	68,000
단위당 원가	@9	@2	@8.5

┌완 성 품: 7,500×(9+2+8.5)=146,250
└기말 재공품: (1,500×9)+(500×8.5)=17,750

〈**분 개**〉

재공품-조립완성부문	71,000	재공품-기계부문	71,000
제조간접원가통제	30,000	미지급임금	13,000
		감가상각누계액	8,000
		제 좌	9,000
재공품	78,000	원재료 통제	15,000
		제조간접원가	30,000
		미지급 임금	33,000
제 품	146,250	재공품-조립완성부문	146,250

5-10 공정별 원가계산에서는 각 공정이 별개의 회계실체로 간주되므로 공정별로 서로 다른 원가흐름을 가정할 수 있다. 제2공정에서는 원재료가 공정의 완료시점에 투입되므로 재공품 재료비 완성도는 0이 된다.

제1공정(FIFO)			(0%)	(0~50%)	(-)
			직접재료원가	직접노무원가	제조간접원가
기초재공품	1,000	(80%)	-	-	200
당착당완	5,000		5,000	5,000	5,000
기 말	2,000	(40%)	2,000	1,600	800
			7,000	6,600	6,000
			175,000,000	198,000,000	90,000,000
			@25,000	@30,000	@15,000

당기완성품=5,000×(25,000+30,000+15,000)+200×15,000+35,000,000+52,800,000+12,000,000=452,800,000

기말재공품=2,000×25,000+1,600×30,000+800×15,000=110,000,000

제2공정(평균법)	(100%)	(0~50%)	(-)

			전공정원가 (0%)	직접재료원가	직접노무원가	제조간접원가
기 초	2,000	(60%)	7,000	7,000	7,000	7,000
당착당완	5,000					
기 말	1,000	(30%)	1,000	-	600	300
			8,000	7,000	7,600	7,300
총 원 가			520,000,000	105,000,000	228,000,000	73,000,000
단위당 원가			@65,000	@15,000	@30,000	@10,000

완성품 = 7,000×(65,000+15,000+30,000+10,000) = 840,000,000
기말재공품 = 1,000×65,000+600×30,000+300×10,000 = 86,000,000
따라서

(1)	제1공정 완성품원가	₩452,800,000
(2)	제1공정 기말재공품원가	110,000,000
(3)	제품계정에 대체되는 제2공정완성품원가	840,000,000
(4)	제2공정의 기말재공품수량	1,000단위
(5)	제2공정의 완성품원가	840,000,000
(6)	제2공정의 기말재공품원가	86,000,000

♣ **참 고**

▶ 물량흐름

재공품(제1공정)

차변		대변	
기 초	1,000	완성	6,000
당기투입	7,000	기말	2,000
	8,000		8,000

재공품(제2공정)

차변		대변	
기 초	2,000	완성	7,000
당기투입	6,000	기말	1,000
	8,000		8,000

▶ 원가흐름(단위: 천원)

제1공정

차변		대변	
기 초	99,800	완성	452,800
직접재료원가	175,000	기말	110,000
직접노무원가	198,000	직접재료원가	105,000
	562,000		562,000

제2공정

차변		대변	
기 초	100,200	완성	840,000
전공정원가	452,800	기말	86,000
제조간접원가	90,000		
직접노무원가	204,000		
제조간접원가	64,000		
	926,000		926,000

연습문제 해답

제6장 변동원가계산

[객관식]

해 답

1 ④ 2 ② 3 ③ 4 ⑤ 5 ② 6 ① 7 ⑤ 8 ④ 9 ④ 10 ④ 11 ②
12 ⑤ 13 ⑤ 14 ④ 15 ④

1 실제 매출액, 매출총이익, 총공헌이익이 예산과 비슷하므로 그 구성요소인 매출액, 매출원가(=변동제조원가+고정제조간접원가), 변동원가(=변동제조원가+변동판매관리비)는 실제와 예산이 비슷하다. 따라서 고정판매관리비만이 예산과 다를 수 있다.

2 변동원가계산에서 변동제조간접원가는 제품원가에 포함되고, 고정제조간접원가는 기간비용으로 처리된다.

3 전부원가계산에서는 원가를 기능별(제조활동, 비제조활동)로 구분하고, 변동원가계산에서는 원가를 행태별(변동원가, 고정원가)로 구분한다.

4
- ▶ 3월의 기말재고(=4월의 기초재고): 0+8,000 7,000-1,000단위
- ▶ 4월의 기말재고: 1,000+9,000-10,000=0
- ▶ 고정제조간접원가 배부율

3월	₩1,600,00÷8,000 = ₩200
4월	₩1,620,000÷9,000 = ₩180

▶ 전부원가계산의 영업이익

=변동원가계산의 영업이익+기말재고의 고정제조간접원가-기초재고의 고정제조간접원가

=₩1,200,000+(₩180×0)-₩200×1,000=₩1,000,000

5 1월의 고정제조간접원가 배부율 : 1,350/90=15

2월의 고정제조간접원가 배부율 : 1,400/100=14

변동원가계산 이익		₩210
(+) 기말재고자산에 포함된 고정제조간접원가	30개×₩14 =	420
(-) 기초재고자산에 포함된 고정제조간접원가	20개× 15 =	300
전부원가계산 이익		₩330

6 고정제조간접원가 배부율=₩2,000÷1,000개=₩2

₩200=2×재고증가량

∴ 재고증가량=100개 증가

7 ▶ 단위당 고정제조간접원가 : 45,000,000÷3,000 = ₩15,000

▶ 기말재고수량(A) : A×15,000 = 15,000,000 ∴ A = 1,000개

▶ 당기 판매량 : 3,000-1,000 = 2,000개

8 ▶ 고정제조간접원가 배부율

당기	₩40,000÷4,000개 =	₩10
전기	₩40,000÷5,000개 =	₩8

▶ 전부원가계산이익

매출액	3,500×100 =	350,000
매출원가	400×68+3,100×70 =	244,000
판매관리비	3,500×12+25,000 =	67,000
		38,800

9 ▶ 재고자산 증가수량: 1,100-900=200개

▶ 전부원가계산이익이 200개×150=₩30,000 더 크다.

해 설

모든 원가차이는 매출원가에서 조정되므로 이익차이에는 영향을 미치지 않는다. 이익차이에 영향을 미치는 것은 재고자산에 포함된 고정제조간접원가이다.

10 ① 변동제조원가는 변동원가계산과 전부원가계산의 이익에 차이를 발생시키지 않는다.

② 고정제조원가가 적게 발생할수록 변동원가계산과 전부원가계산의 이익차이는 적어진다.

③ 매출수량이 많아지면 기말재고수량의 감소로 인하여 기말재고자산에 포함되는 고정제조원가가 적어져서 변동원가계산과 전부원가계산의 이익차이는 적어진다.

④ 동일 판매량일 경우 생산수량이 증가하면 기말재고자산이 증가하여 변동원가계산과 전부원가계산의 이익차이는 커진다.

⑤ 원재료의 구입량이나 사용량은 변동원가계산과 전부원가계산의 이익에 차이를 발생시키지 않는다.

11 ▶ 변동제조원가 발생액 : 780,000 ÷ 65,000 × 70,000 = 840,000

▶ 변동원가계산 손익계산서

매 출		2,000,000
변동원가	780,000 + 200,000 =	980,000
영업이익		600,000 + FS
		300,000

∴ 고정판매관리비(FS) = 120,000

12 ▶ 20×1년 고정제조간접원가 단가: 240,000/10,000 = 24

▶ 기말재고에 포함된 고정제조간접원가

변동원가계산이익		528,000
+ 기말재고에 포함된 고정제조간접원가		20,000
기초재고에 포함된 고정제조간접원가	2,000 × 24 =	48,000
전부원가계산이익		500,000

▶ 20×2년 고정제조간접원가 단가 : 1,000 × 20 = 20,000

▶ 20×2년 고정제조간접원가 발생액 : 14,000 × 20 = 280,000

13 ①: 생산량은 변동원가계산의 영업이익에 영향을 미치지 않는다
②: 전부원가계산 → 변동원가계산
③: 성격별 → 기능별
④: 직접노무원가는 기간비용으로 처리된다.

14 ④ 변동원가계산은 단기 원가계산에 집착하여 장기적으로 고정비를 회수하지 못할 위험이 있다.

15 ④ 변동제조간접원가 능률차이 = 500×(40-41)×20=(-)10,000(불리)

[주관식]

6-1
200,000×2월말재고수량/800-180,000×100/900=20,000
2월말재고수량=160대

6-2
(단위:천원)
변동원가계산에 의한 영업이익
= 전부원가계산에 의한 영업이익+기초재고에 포함된 고정제조원가×기말 재고에 포함된 고정제조원가
= 1,000+240(기초)+700(기초)-500(기말)-600(기말)=840

6-3 기간별로 재고자산에 포함되어 있는 고정제조간접원가의 흐름을 파악하는 것이 본 문제의 핵심이다.

▶ 단위당 원가

	1월	2월
변동제조원가	₩200*	₩200
고정제조원가	100**	₩160***
변동판매관리비	20****	20

* ₩1,400,000÷7,000단위=₩200 *** ₩800,000÷5,000단위=₩160
** ₩700,000÷7,000단위=₩100 **** ₩100,000÷5,000단위=₩20

변동원가는 월별로 차이가 없으나, 고정제조원가는 생산량에 따라 월별 차이가 발생하게 된다.

1. 전부원가계산

	1월	2월
매출액	₩5,000,000	₩6,000,000
매출원가(선입선출법)	1,500,000	2,040,000
매출총이익	₩3,500,000	3,960,000
판매관리비		
변동원가	₩100,000	₩120,000
고정원가	400,000	600,000
순이익	3,000,000	3,240,000

♣ 매출원가의 계산

물량흐름

	1월	2월
기초재고	-	2,000단위
당기생산	7,000단위	5,000
판 매 량	(5,000)	(6,000)
기말재고	2,000단위	1,000단위

매출원가

	1월	2월
기초재고	-	600,000
당기생산	₩2,100,000	1,800,000
기말재고	(600,000)	(360,000)
매출원가	₩1,500,000	2,040,000

2. 변동원가계산

	1월	2월
매출액	₩5,000,000	₩6,000,000
변동원가		
매출원가	1,000,000*	1,200,000**
판매관리비	100,000	120,000
공헌이익	3,900,000	4,680,000

고정원가		
제조원가	700,000	800,000
판매관리비	400,000	600,000
순 이 익	2,800,000	3,280,000

* 5,000단위×₩200=1,000,000
** 6,000단위×₩200=₩1,200,000

3. 순이익 차이의 조정

	1월	2월
전부원가계산 순이익	₩3,000,000	3,240,000
(+)기초재고자산의 고정제조원가	-	200,000
(−)기말재고자산의 고정제조원가	(200,000)	(160,000)
변동원가계산 순이익	₩2,800,000	3,280,000

6-4 1. 전부원가계산의 기말재고=변동원가계산의 기말재고+기말재고수량×단위당 고정제조간접원가

X=₩75,000+15,000*×₩3**

* 생 산 량 80,000
매 출 량 90,000
기초재고 25,000(₩125,000÷5×3)
** ₩240,000÷80,000=₩3
*** ₩400,000÷80,000=₩5

2.

전부원가계산	
매 출	₩900,000
매출원가	₩720,000
매출총이익	₩180,000
판매관리비	₩180,000
순이익	₩0

6-5 1. 변동원가계산

매 출	875,000	
변동원가	(490,000)	(=35,000단위×14)
공헌이익	385,000	
고정원가	(370,000)	(=160,000+210,000)
순 이 익	15,000	

2.

전부원가에 의한 순이익	35,000
재고증가분에 포함된 고정제조간접원가(=5,000×4)	(20,000)
변동원가계산에 의한 순이익	15,000

6-6 1. $(20-8-2)\times 14{,}000-(54{,}000+30{,}000)=56{,}000$

2.
- 단위당 제조원가 $=8+\dfrac{54{,}000}{18{,}000}=11$
- 순이익 $=(20-11)\times 14{,}000-2\times 14{,}000-30{,}000-9{,}000^{*}=59{,}000$

* 부족배부: $(18{,}000-15{,}000)\times\dfrac{54{,}000}{18{,}000}=9{,}000$

3.
- 단위당 제조원가 $=8+\dfrac{54{,}000}{20{,}000}=10.7$
- 순이익 $=(20-10.7)\times 14{,}000-2\times 14{,}000-30{,}000-13{,}500^{**}=58{,}700$

** 부족배부: $(20{,}000-15{,}000)\times\dfrac{54{,}000}{20{,}000}=13{,}500$

6-7 정상원가에 의한 전부원가계산과 변동원가계산을 비교하는 문제이나. 기본적인 논리는 실제원가계산의 경우와 동일하나 정상원가계산에는 고정제조간접원가 배부차이가 발생한다는 점에 차이가 있다.

▶ 제조간접원가 예정배부율=변동제조간접원가 예정배부율+고정제조간접원가 예정배부율

▶ 변동제조간접원가 예정배부율(α) $=\dfrac{\text{변동제조간접원가 예산}}{\text{정상(기준)조업도}}$

예정배부액=예정배부율(α)×실제조업도

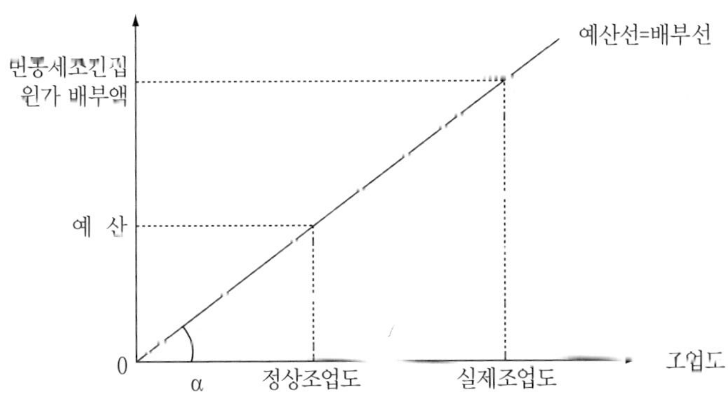

변동제조간접원가는 실제조업도에서의 예산이 제품계정에 배부되므로 예산액과 배부액이 동일하다.

▶ 고정제조간접원가 예정배부율(β) = $\frac{\text{변동제조간접원가 예산}}{\text{정상(기준)조업도}}$

예정배부액 = 예정배부율(β)×실제조업도

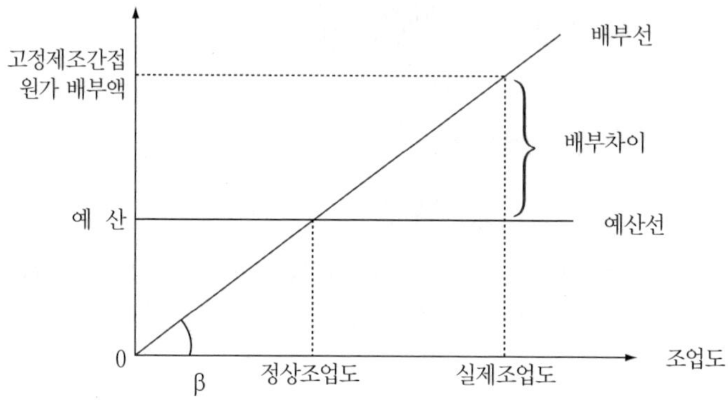

변동제조간접원가는 실제조업도에서의 예산이 제품계정에 배부되는 금액과 예산이 차이가 나므로 예산액과 배부액이 동일하지 않다.

변동제조간접원가: 실제발생액 ── 예산(=배부액)
　　└ 예산차이

고정제조간접원가: 실제발생액 ── 예산 ── 배부액
　　└ 예산차이 　　└ 조업도차이

변동제조간접원가 예산차이
고정제조간접원가 예산차이　 } 제조간접원가 배부차이
고정제조간접원가 조업도차이

일반적으로 정상원가에 의한 전부원가계산에서는 제조간접원가 실제발생액에 관한 자료를 제시하지 않음으로써 제조간접원가 실제발생액과 예산이 동일한 상황을 가정한다. 이러한 경우에 배부차이는 고정제조간접원가 조업도차이만을 의미하게 된다.

1. 전부원가계산 손익계산서

① 단위당 제품원가

변동제조원가	₩300
고정제조간접원가	25*
	₩325

* ₩5,000,000 ÷ 200,000단위 = ₩25

② 매출원가 및 기말재고자산 원가

		제조원가		
	물량단위	변동원가 +	고정원가 =	계
기초재고	10,000단위	₩3,000,000	₩250,000	₩3,250,000
당기생산	240,000	72,000,000	6,000,000	78,000,000
판매수량	(230,000)	(69,000,000)	(5,750,000)	(74,750,000)
기말재고	20,000단위	₩6,000,000	₩500,000	₩6,500,000

③ 고정제조간접원가 조업도차이

예산	₩5,000,000
배부액(240,000단위×₩25)	6,000,000
조업도차이	₩(1,000,000) 유리

④ 손익계산서

매출액(230,000단위×₩500)		₩115,000,000
매출원가		
조정전 매출원가	₩74,750,000	
조업도차이-유리	(1,000,000)	73,750,000
매출총이익		₩41,250,000
판매관리비		
변동원가(230,000단위×₩100)	₩23,000,000	
고정원가	7,000,000	30,000,000
순이익		₩11,250,000

2. 변동원가계산 손익계산서

매 출 액		₩115,000,000
변동원가		
매출원가(230,000단위×₩300)	₩69,000,000	
판매관리비	23,000,000	92,000,000
공헌이익		₩23,000,000
고정원가		
제조원가	₩5,000,000	
판매관리비	7,000,000	12,000,000
순 이 익		₩11,000,000

3. 순이익차이의 조정

전부원가계산 순이익	₩11,250,000
(+)기초재고자산의 고정제조간접원가	250,000*
(−)기말재고자산의 고정제조간접원가	500,000**
변동원가계산 순이익	₩11,000,000

* 10,000단위×₩25 = ₩250,000
** 20,000단위×₩25 = ₩500,000

♣ **참 고**

순이익차이를 다음과 같이 조정할 수 있다.

전부원가계산 순이익		₩11,250,000
재고수준의 변동기말재고		
기말재고	20,000단위	
기초재고	10,000	
증 가	10,000단위	
고정제조간접원가 배부율	×₩25	(250,000)
변동원가계산 순이익		₩11,000,000

단, 이러한 차이조정은 전기(기초재고)와 당기의 고정제조간접원가 배부율이 동일한 경우에만 가능하다.

6-8 1.

	2000년	2001년
매 출	₩240,000	₩320,000
변동원가		

매출원가	₩90,000	₩120,000
판매관리비(@2)	₩30,000	₩40,000
공헌이익	₩120,000	₩160,000
고정원가		
제조원가	₩72,000	₩72,000
판매관리비*	₩50,000	₩50,000
순 이 익	₩(2,000)	₩38,000

* ₩80,000 - @2×₩15,000 = ₩50,000

2.

	2000년	2001년
변동원가계산 순이익	₩(2,000)	₩38,000
(+)기초재고자산의 고정제조원가	12,000	
(-)기말재고자산의 고정제조원가		₩(8,000)
전부원가계산 순이익	₩10,000	₩30,000

6-9

1. 전부원가계산: $7+10+5+\frac{315,000}{55,000}=40$
   변동원가계산: 7+10+5=22

2. 변동원가계산

	7월	8월
매　출	900,000	1,200,000
변동원가	(375,000)	(500,000)
공헌이익	525,000	700,000
고정원가	(560,000)	(560,000)
순 이 익	(35,000)	140,000

3.

	7월	8월
전부원가계산에 의한 순이익	10,000	95,000
기초재고에 포함된 고정제조간접원가	-	45,000*
기말재고에 포함된 고정제조간접원가	(45,000)*	-
변동원가계산에 의한 순손익	(35,000)	140,000

* $\frac{315,000}{17,500}\times 2,500=45,000$

4) 문제의 손익계산서는 전부원가계산 하의 결과이고, 손익분기점 분석에서는 원칙적으로 변동원가계산방법을 가정한다.

6-10 1.

	2000년		2001년	
매　출(@3)		₩3,000		₩3,600
변동원가				
기초재고	0		₩200	
변동제조원가	₩700		500	
판매가능원가	700		700	
기말재고	200		100	
변동제조매출원가	500		600	
변동운영비	1,000	₩1,500	1,200	₩1,800
공헌이익		₩1,500		₩1,800
고정원가				
고정제조원가	700		700	
고정운영비	400	₩1,100	400	₩1,100
영업이익		₩400		₩700

2.

	2000년		2001년	
매 출		₩3,000		₩3,600
매출원가				
기초재고	0		400	
변동제조원가	700		500	
고정제조원가	700		700	
판매가능원가	1,400		1,600	
기말재고	400	₩1,000	240	₩1,360
매출총이익		₩2,000		₩2,240
운영비				
고정운영비	400		1,200	
변동운영비	1,000	₩1,400	400	₩1,600
영업이익		₩600		₩640

3.

	2000	2001
변동원가계산		
영업이익	₩400	₩700
기말재고	₩200	₩100
전부원가계산		
영업이익	₩600	₩640

기말재고	₩400	₩240
고정운영비		
기초재고	0	₩200
기말재고	₩200	₩140

변동원가계산에 의한 영업이익

4. ① 전부원가계산이 변동원가계산보다 훨씬 더 재고자산 누적을 유도한다. 재고자산이 많을 경우 전부원가계산 하에서 (주어진 회계기간에) 영업이익은 증가하게 된다. 왜냐하면 고정제조원가가 현재 기간의 기간비용이 아니라 재고자산으로 계산되기 때문이다.
② 구체적인 양의 재고수준 유지, 재고자산 회전율, 배달 스케줄 등의 비재무적 성과측정치 사용이 도움이 될 수 있다.

연습문제 해답

제7장 원가–조업도–이익분석

[객관식]*

해 답

1 ④ 2 ② 3 ① 4 ⑤ 5 ① 6 ④ 7 ⑤ 8 ① 9 ③ 10 ④ 11 ②
12 ③ 13 ① 14 ③ 15 ①

1 고점(34,000시간, ₩610,000)
저점(31,000시간, ₩586,000)

$$b=\frac{610{,}000-586{,}000}{34{,}000-31{,}000}=8$$

$a=610{,}000-34{,}000\times 8=338{,}000$
$y=338{,}000+8\times 32{,}375=597{,}000$

2 ① 기계시간당 변동소모품비 $=\dfrac{72{,}000-48{,}000}{90{,}000-60{,}000}=0.8$

고정소모품비 $=48{,}000-60{,}000\times 0.8=0$
예상소모품비 $=75{,}000\times 0.8=60{,}000$

② 기계시간당 변동수선유지비 $=\dfrac{153{,}000-105{,}000}{90{,}000-60{,}000}=1.6$

고정수선유지비 $=105{,}000-60{,}000\times 1.6=9{,}000$
예상수선유지비 $=75{,}000\times 1.6+9{,}000=129{,}000$

③ 기계시간당 변동제조간접원가 $=\dfrac{249{,}000-174{,}000}{90{,}000-60{,}000}=2.4$

예상 변동제조간접원가 = 75,000 × 2.4 = 180,000

④ 고정 제조간접원가 = 174,000 − 60,000 × 2.4 = 30,000

⑤ 예상 총제조간접원가 = 180,000 + 30,000 = 210,000

3 손익분기점의 기본가정 중 하나는 선형의 가정이다. 즉, 단위당 판매가격, 단위당 변동원가, 총고정원가는 관련범위 내에서 일정하다.

4 ▶ 세전목표이익: $\frac{750,000}{(1-0.25)}+\frac{700,000}{(1-0.3)}=2,000,000$

▶ 단위당 공헌이익: 10,000×(1−0.8) = 2,000

▶ 구간별 분석

구 간	목표이익 달성하기 위한 수량	적합 여부
5,000 이하	2,000Q − 8,500,000 = 2,000,000　Q = 5,250	×
5,001 초과	2,000Q − 11,000,000 = 2,000,000　Q = 6,500	○

5 ▶ 인하 전 BEP(Q): (50−24)Q − 135,200 = 0　∴ Q = 5,200

▶ 인하 후 BEP(Q): (48−24) × 5,200 − F = 0　∴ F = 124,800

∴ 고정비 감소액 : 135,200 − 124,800 = 10,400

6 ▶ 단위당 공헌이익 = 30,000 × (1 − 0.03) − 1,100 = 28,000

▶ 고정비 = 7,800,000 + 4,800,000 + 700,000 × 2 × 5회 = 19,600,000

▶ 손익분기점 = $\frac{19,600,000}{28,000}=700$

7 b: ₩9,000 + 2,000 = 11,000

a: ₩160,000,000 + 120,000,000 = ₩280,000,000

기존 영업이익: 40,000×(₩21,000 − 11,000) − 280,000,000 = ₩120,000,000

변화 후 b: ₩11,000 + 400 = 11,400

a: ₩280,000,000 + 20,000,000 = 300,000,000

판매가격을 p라고 하면,

40,000×(p − 11,400) − 300,000,000 = 120,000,000

따라서 p = ₩21,900

8 ▶ $0.2\times70,000-a=(21,000)$ $\therefore a=35,000$

▶ $b=100\times0.8=80$

▶ $[(p-80)\times1,000-(35,000+15,000)]\times(1-0.3)=28,000$ $\therefore p=170$

9 ▶ 손익분기점

$[(80-55)Q-400,000](1-0.4)=0$

$\therefore Q=16,000$단위

▶ 현금흐름분기점

$[(80-55)Q-400,000](1-0.4)+52,500=0$

$\therefore Q=12,500$단위

10

	제품 A	제품 B	제품 C
단위당 판매가격	₩120	₩100	₩150
단위당 변동원가	72	70	120
단위당 공헌이익	₩ 48	₩ 30	₩ 30

가중평균공헌이익률 = 48/120×5/10 + 30/100×2/10 + 30/150×3/10 = 32%

S = 매출액이면,

₩12,000 = 0.32S − ₩40,000 ∴ S = ₩162,500

11 가중평균공헌이익률: 20%×4/10 + 20%×3/10 + 20%×2/10 + 20%×1/10 = 20%

목표매출액: (₩1,000 + 500) ÷ 20% = ₩7,500

12

	제품 A		제품 B
수량배합	3	:	7
판매단가	100		60
단위당 변동원가	50		30
단위당 공헌이익	50		30

set당 공헌이익: 50 × 3 + 30 × 7 = 360

손익분기점 set 수량: 21,600 ÷ 360 = 60

손익분기점 수량: A = 60 × 3 = 180개, B = 60 × 7 = 420개

13 $(S-100,000)\times 0.2 = 80,000$

$S=500,000$

$500,000\times(1-0.2)=400,000=400Q$

$\therefore Q= 1,000$

14 단위당 공헌이익$= \dfrac{100,000}{100} - \dfrac{100,000}{125} = 1,000-800=200$

손익분기점수량 = 100,000/200 = 500

(목표판매수량 - 500)/목표판매수량 = 0.375

∴ 목표판매수량 = 800단위

15 리터당 공헌이익: 한복 A = 3,000÷2=1,500(1순위)

한복 B = 1,000÷1=1,000

최대공헌이익 = 1,500×150 =₩225,000

[주관식]

7-1 1. 변동원가: 매출원가, 배달료

고정원가: 임차료, 감가상각비, 관리비

준변동원가: 소모품비, 급여, 전기료

2. 매출원가$= \dfrac{₩52,500}{5,000} =$10.5/단위당

급여: 변동원가요소$= \dfrac{(₩44,000-₩42,500)}{(8,000-5,000)} =$ ₩0.5/단위당

고정원가요소=₩44,000−₩0.5×8,000=₩40,000

배달료$= \dfrac{₩12,500}{₩5,000} =$ ₩2.5/단위당

임차료=₩12,000*

감가상각비=₩3,000*

전기료: 변동원가요소$= \dfrac{(₩5,600-₩5,000)}{(8,000-5,000)} =$ ₩0.2/단위당

고정원가요소=₩5,600−8,000×₩0.2=₩4,000

소모품비: 변동원가요소$= \dfrac{(₩1,800-₩1,500)}{(8,000-5,000)} =$ ₩0.1/단위당

고정원가요소=₩1,800−₩0.1×8,000=₩1,000

관리비=₩13,000*

3. 총원가추정방정식=₩73,000** +₩13.8×판매량
판매량이 9,500단위일 때 총원가는 다음과 같다.
총원가=₩73,000+₩13.8***×9,500=₩204,100

* 고정원가인 임차료, 감가상각비, 관리비는 관련범위 내에서 총원가가 일정하다.
** 73,000=40,000+12,000+3,000+4,000+1,000+13,000
*** 13.8=10.5+0.5+2.5+0.2+0.1

7-2

1. $0.3=\frac{40-\text{변동원가}}{40}$에서 변동원가=28원

2. (1) 40×Q−28×Q−180,000=0에서,
   - Q=15,000(개)
   - 매출=15,000×40=600,000

   (2) 40×Q−28×Q−180,000=60,000에서,
   - Q=20,000(개)
   - 매출=20,000×40=800,000

   (3) 40×Q−(28−4)×Q−180,000=0에서,
   - Q=11,250(개)
   - 매출=11,250×40=450,000

7-3

단위당 판매가격(P)		₩50
변동원가(b)		
제조원가	₩30	
판관비	5	35
공헌이익(CM)		₩15
공헌이익률(CMR)		0.3
총고정원가(a)		
제조간접원가		₩750,000
판관비		75,000
		₩825,000

1. 손익분기점 판매량(Q_{BEP})과 손익분기점 매출액(S_{BEP})

$$Q_{BEP}=\frac{a}{CM}=\frac{₩825,000}{₩15}=55,000\text{단위}$$

$$Q_{BEP}=\frac{a}{CMR}=\frac{₩825,000}{0.3}=2,750,000$$

2. 안전한계와 안전한계율

	매출액	판매량
실제	₩3,000,000*	60,000 단위
손익분기점	2,750,000	55,000
안전한계	₩250,000	5,000 단위
안전한계율	0.083	0.083
손익분기점조업률	0.917	0.917

* 60,000×50=₩3,000,000

3. 1998년도 순이익(π)

   π=CM×Q−a=₩15×60,000−825,000=75,000

♣ **참 고**

안전한계를 이미 구한 상황이므로 순이익은 다음 관계를 이용하여 계산할 수 있다

① 순이익=안전한계 판매량×단위당 공헌이익 ② 순이익=안전한계 매출액×단위당 공헌이익률

위의 문제에 제시된 자료를 이용하여 예를 들면 다음과 같다.

① 순이익=안전한계 판매량×단위당 공헌이익
=5,000×₩15=75,000

② 순이익=안전한계 매출액×단위당 공헌이익률
=250,000×0.3=₩75,000

이와 같은 관계식은 선다형 문제를 해결하는 데 유용하게 적용될 수 있다.

7-4 1. 공헌이익률 = $\frac{₩300,000}{₩1,000,000}$ = 0.3(30%)

2.

매 출	₩1,000,000	(20,000×50)
변동원가	₩700,000	(20,000×35)
공헌이익	₩300,000	
고정원가	₩180,000	
순 이 익	₩120,000	

따라서, BEP 매출량 = $\frac{180,000}{50-35}$ = 12,000

3. 영업레버리지 = $\frac{₩300,000}{₩120,000}$ = 2.5

7-5

1. ① 생산량 0~16,000단위
   (3−1.25)×Q−35,000=0에서 Q=20,000 범위 밖이므로 해당 ×
   ② 생산량 16,000~
   (3−1.25)×16,000+(3−1.4)×(Q−16,000)−35,000−1,000=0에서
   Q=21,000 범위 내에 있으므로 해당 ○
   ∴ 21,000단위, ₩63,000

2. ① 생산량 0~16,000단위
   (3−1.25)×Q−35,000=12,000에서 Q=26,858 범위 밖이므로 해당 ×
   ② 생산량 16,000~
   (3−1.25)×16,000+(3−1.4)×(Q−16,000)−35,000−1,000=12,000에서 Q=28,500 범위 내에 있으므로 해당 ○
   ∴ 28,500단위

3. 손익분기점을 초과하는 판매량을 Q라 하면, (3−1.4−0.1)×Q=(35,000+1,000)×25%에서 Q=6,000. 따라서 21,000단위+6,000단위=27,000단위를 판매해야 한다.

7-6

1. $\text{BEP}=\dfrac{\text{고정원가}}{\text{CM Ratio}}=\dfrac{₩255,000}{0.27}=₩944,444$

   $(\text{CM Ratio}=\dfrac{₩340,000}{₩1,263,491}\fallingdotseq 0.27)$

2.
   ① 제품 A, B, C의 단위당 공헌이익

제품 A:	₩60,000÷20,000=	₩3
제품 B:	₩200,000÷100,000=	₩2
제품 C:	₩80,000÷80,000=	₩1

   ② 제품 A, B, C의 제품믹스비율

제품 A:	20,000 ÷ (20,000+100,000+80,000)=	10%
제품 B:	100,000÷(20,000+100,000+80,000)=	50%
제품 C:	80,000÷(20,000+100,000+80,000)=	40%

   ③ 300,000 단위일 때 총공헌이익과 순이익

제품 A:	10%×300,000×₩3=	₩90,000
제품 B:	50%×300,000×₩2=	₩300,000
제품 C:	40%×300,000×₩1=	₩120,000

총공헌이익(30,000단위일 때)	₩510,000
고정원가	₩255,000
순 이 익	₩255,000

7-7 1. $\frac{(20-8)}{20} = 60\%$

2. $\frac{180,000}{0.6} = 300,000$

3. 75,000 × 60% = 45,000 증가

4. (1) $\frac{240,000}{60,000}$

(2) ('순이익 증가율=매출액 증가율×영업레버리지도'에서) 20%×4=80% 증가한다.

5.

	작년도 영업성과	변화 후 영업성과	
매 출	360,000	432,000	(=24,000×18)
변동원가	(144,000)	(192,000)	(=24,000×8)
공헌이익	216,000	240,000	
고정원가	(180,000)	(210,000)	
순 이 익	36,000	30,000	

∴ 현상태를 유지하는 것이 ₩6,000 이익이다.

6. 공헌이익률 = $\frac{(20-9)}{20}$ = 0.55

공헌이익 증가액=매출액 증가액×공헌이익률

=18,000×25%×20×0.55=49,500

따라서 광고비는 49,500까지 증가시킬 수 있다.

7. 특별주문으로부터의 이익을 x라 하면,

14,000×(20−8)−180,000+x=20,000이므로, x=32,000

따라서, 4,000×(p−8)=32,000에서 p=16

7-8 1. 공헌이익률 = $\frac{175,500}{585,000}$ = 0.3

BEP = $\frac{180,000}{30-21}$ = 20,000개 or 20,000×30 = ₩600,000

2.

공헌이익증가액	80,000×30%= 24,000
고정비(광고비)증가액	(16,000)
순이익 증가액	8,000

3.

매 출	1,053,000	(=39,000단위×27)
변동원가	(819,000)	(=39,000×21)
공헌이익	234,000	
고정원가	(240,000)	(=180,000+60,000)
순 손 실	(6,000)	

4. $Q=\dfrac{180{,}000+9{,}750}{30-21.75}=23{,}000$(단위)

5. (1) 공헌이익률 $=\dfrac{(30-18)}{30}=0.4$

BEP $=\dfrac{180{,}000+72{,}000}{30-18}=21{,}000$(단위) or ₩630,00030−18

(2)

	자동화되지 못한 경우		자동화된 경우	
매 출	780,000		780,000	
변동원가	(546,000)		(468,000)	(26,000×18)
공헌이익	234,000	(26,000×21)	312,000	
고정원가	(180,000)		(252,000)	(=18,000+72,000)
순 이 익	54,000		60,000	

(3) $(30-21)\times Q-180{,}000=(30-18)\times Q-252{,}000$에서 $Q=24{,}000$

즉, 매출수량이 24,000단위 이상으로 예측되는 경우에는 자동화하는 것이 더 유리하다.

6. 특별주문에서 18,000+4,500=22,500의 이익을 내야 한다.

$5{,}000\times(p-20)=22{,}500$에서 $p=24.5$

7-9

1. 평균공헌이익률 $=\dfrac{480{,}000}{750{,}000}=0.64$

따라서, $\dfrac{450{,}000}{0.64}=703{,}125$

2. 평균공헌이익률은

$$\frac{300,000}{750,000}\times(28\%)+\frac{180,000}{750,000}\times(80\%)+\frac{270,000}{750,000}\times(59\%)=0.5164$$

따라서, $\frac{450,000}{0.5164}=871.418$

3. 750,000×0.5164-450,000=-62,700

∴ 순손실=₩62,700

4. 공헌이익이 가장 높은 B제품의 매출이 감소하고, 공헌이익이 가장 낮은 A제품의 매출이 증가했기 때문이다.

7-10 $p=20\left(=\frac{200,000}{10,000}\right)$이다.

1.

매 출	240,000	(=12,000×20)
변동원가	(168,000)	(=12,000×20×70%)
공헌이익	72,000	
고정원가	(40,000)	
과세전 순이익	32,000	
법 인 세	(12,800)	(32,000×40%)
순 이 익	19,200	

2. 과세후 순이익 30,000=과세전 순이익 $\pi\times(1-0.4)$에서, $\pi=50,000$

$$\text{BEP}=\frac{40,000+50,000}{20-14}=15,000(\text{단위})$$

3. $(20\times Q-14\times Q-40,000)\times(1-0.4)=20\times Q\times(0.15)$에서

$Q=40,000$(단위)

따라서, 매출액은 40,000×20=800,000이 되어야 한다.

연습문제 해답

제8장 종합예산과 변동예산

[객관식]

해 답

1 ⑤ 2 ① 3 ② 4 ② 5 ⑤ 6 ⑤ 7 ③ 8 ② 9 ④ 10 ④
11 ③ 12 ④ 13 ⑤ 14 ③ 15 ④

1 참여예산을 편성하는 경우 각 사업부의 의견을 수렴하는 한편 조직 전체의 목표달성을 위하여 조정과정을 거친다. 즉, 참여예산에서는 쌍방향 의사소통과 조정이 필요하다.

2 운영예산은 영업활동에 대한 예산으로 예산손익계산서에 총괄된다.

3

	4월	5월	6월	7월
매출수량	100,000	120,000	④ 160,000	140,000
기말재고량(+)	① 24,000	② 32,000	③ 28,000	
기초재고량(-)		① 24,000	② 32,000	
생산량	104,000	128,000	156,000	

① : 120,000×20%=24,000 ② : 128,000+24,000-120,000=32,000
③ : 140,000×20%=28,000 ④ : 156,000+32,000-28,000=160,000

4

2월 제품계정

기초	4,100,000×0.7×0.25 =	717,500	판매	4,100,000×0.7 =	96,000
		2,817,500	기말	3,800,000×0.7×0.25 =	665,000

5

(단위: 천원)

	4월	5월	6월
매 출 액	480	560	600
매출원가 = 매출액×(1-0.45)	264	308	330

현금지급액=(308×0.3+264×0.7)×0.7+(330×0.3+308×0.7)=288.42

6

	1월	2월	3월	계
매 출 액	₩500,000	₩550,000	₩660,000	
현금매출	350,000	385,000	462,000	
외상매출금 회수:				
1월	90,000			
2월	60,000	99,000		
3월		66,000	118,800	184,800

따라서 3월의 현금회수액: ₩462,000+184,800=₩646,800

7 금년 초에 설립되었으므로 1월의 기초재고는 없다.

	1월	2월	3월	계
매출액	₩9,600	₩12,000	₩15,600	
매출원가(÷120%)	8,000	10,000	13,000	
기말재고(+)		3,000	3,900	
기초재고(-)	0	3,000	3,900	
당월구입	11,000	10,900		
[지 급]				
1월	(40%)4,400			
2월	(60%)6,600	(40%)4,360		10,960
3월		(60%)6,540	(40%)	

8

	생산량	직접노무시간	2,600직접노무시간초과
1분기	8,000×0.8+6,500×0.2=7,700	7,700×0.35=2,695	95
2분기	6,500×0.8+7,000×0.2=6,600	6,600×0.35=2,310	
3분기	7,000×0.8+7,500×0.2=7,100	7,100×0.35=2,485	
4분기	7,500×0.8+8,000×0.2=7,600	7,600×0.35=2,660	60
합 계			155

직접노무원가 예산금액=2,600시간×4(분기)×₩10+155시간×₩15=₩106,325

9 ▶ 구입액=(20,000×0.8+₩40,000×0.2)×0.8=₩19,200

10 40+3월 생산제품수량=100+120×50%
3월 생산제품수량=120
4월 생산제품수량=120×50%+140×50%=130
100+3월 재료구입수량=120+130×80%
3월 재료구입수량=124
3월 재료구입금액=124단위×₩20=₩2,480

11

원 재 료

기초	220kg	사용량(1,100개×2kg=)	2,200kg
매입량(?)	2,280kg	기말(1,500개×2kg)×10%=)	300kg
	2,500kg		2,500kg

1분기 원재료구입액= 2,280kg×₩10=₩22,800

12 (판매예산)

		1월		2월	3월
매출액		₩100,000		₩150,000	₩120,000
(회수)					
1월	30%	30,000			
2월	70%	70,000	30%	45,000	

(구매예산)

	1월	2월	3월
매출원가	₩60,000	₩90,000	
기말재고(+)	18,000	14,400	
기초재고(-)		18,000	
(현금)구매액		₩86,400	

2월의 현금증가액=₩115,000-₩86,400-₩8,500=₩20,100

13 ① ② 고정예산은 조업도의 변화여부를 고려하지 않고 단 하나의 조업도수준에 근거하여 작성되므로 실제조업도가 하나의 조업도수준과 일치하지 않는 경우에는 성과평가목적으로 이용하기 부적합하다. 성과평가목적을 위해서는 실제성과는 실제조업도수준에서 예산수익 또는 예산원가와 비교되어야 하는데 이를 위한 예산이 변동예산이다.

③ 증분예산은 전년도의 예산에 각 항목별로 예측된 가격의 변동분과 조업도의 변동분을 반영하여 편성되는 예산이므로 과거의 예산에 포함된 비능률이 그대로 미래의 예산에도 포함된다는 문제점이 있다. 원점기준예산은 이 문제점을 해결하기 위해서 전년도의 예산을 무시하고 마치 예산을 처음 편성하는 것처럼 원점에서 출발하여 편성되는 예산이다.

④ 참여예산에서는 종업원들이 성과평가를 유리하게 받기 위하여 달성하기 쉬운 예산을 편성하려고 하는데 이를 예산슬랙(budgetary slack)이라고 한다.

⑤ 종합예산은 조직의 각 부문활동에 대한 예산이 종합된 조직전체의 예산으로, 기초에 하나의 조업도수준에 근거하여 편성되며, 일단 편성이 되면 바뀌지 않기 때문에 고정예산의 일종이다.

14 1. 제품생산량을 제시하지 않았으므로 제품계정을 그려서 제품생산량부터 계산하자.
2. 원재료계정을 그려서 원재료구입량을 계산하자.

원재료 A(2/4분기)

차변		대변	
√기초	4,000kg	사용	25,200kg
구입	25,200kg	√기말	4,000kg
	29,200kg		29,200kg

×3kg (제품 생산 8,400단위 → 원재료 사용 25,200kg)

제품 P(2/4분기)

차변		대변	
√기초 (9,000단위×0.3)	2,700단위	판매	9,000단위
생산	8,400단위	√기말 (7,000단위×0.3)	2,100단위
	11,100단위		11,100단위

15 1. 1월과 2월의 현금유입액=2월의 매출액×55%(2월에 회수)+1월의 매출액×95%(1월과 2월에 회수)+전기 12월말 매출채권잔액(전기 12월의 매출액×40%, 1월에 회수)
2. 1월과 2월의 현금유출액=1월의 매입액(2월에 지급)+전기 12월의 매입액(1월에 지급)+기타운영비

현금(1월~2월)

차변		대변	
√1월초	28,000	지급	
회수		1월 매입분	196,000*
2월 매출분 (₩230,000×0.55)	126,500	전기 12월 매입분	200,000
1월 매출분 (₩260,000×0.95)	247,000	기타운영비 (₩21,700×2)	43,400
전기 12월 매출분	78,000	√2월말	40,100
	479,500		479,500

[주관식]

8-1

	2월	3월	4월	5월	6월
매출	35,000/0.1	140,000/0.3	500,000	770,000	950,000
4월회수분	350,000×0.07	140,000/0.3×0.2	500,000×0.7×0.97		
5월회수분		140,000/0.3×0.07	500,000×0.2	770,000×0.7×0.97	
6월회수분			500,000×0.07	770,000×0.2	950,000×0.7×0.97

1. 4월회수분 : 457,333.333

2. 5월회수분 : 655,496.666

3. 6월회수분 : 834,050

8-2

1.

	3월	4월	5월
매출	30,000	36,000	40,000
5월회수분	30,000×0.8×0.2	36,000×0.8×0.7	40,000×0.2+40,000×0.8×0.1

2. 제품매입액

제품 (5월)			
기초	4,800	매출원가	24,000
매입	x	기 말	42,000×0.2=8,400

∴ 매입액 x=27,600

3. 현금지출

① 매입	27,600×50%=	13,800
② 매입채무 잔금		11,700
③ 판관리	12,800−2,000=	10,800
④ 장비구입		4,500
		40,800

8-3

1.

7월

재고

기초 35,000×0.2+ 매출량 35,000

8월

재고

기초 11,000 매출량 40,000

3,000=10,000

제조	x_1	기말	3,000+50,000×0.2=11,000	제조	x_2	기말	3,000+40,000×0.2=13,000

9월				10월			
재고				재고			
기초	13,000	매출량	50,000	기초	9,000	매출량	30,000
제조	x_3	기말	3,000+30,000×0.2=9,000	제조	x_4	기말	3,000+20,000×0.2=7,000

x_1=36,000　　x_2=42,000　　x_3=46,000　　x_4=28,000

2. 7, 8월에는 8, 9월의 높은 판매예상량 때문에 판매된 것보다 더 많은 제품을 생산해야 하며, 9, 10월에는 10, 11월의 낮은 판매예상량 때문에 판매된 것보다 더 적은 제품을 생산한다.

3.

7월 원재료

기초 54,000	사용 36,000개×3=108,000
구입 x	기말 42,000개×50%×3=63,000

∴ 구입 x=117,000

8-4 1.

	판 매	현금회수
3월	₩60,000×9% =	₩5,400
4월	₩78,000×20%=	₩15,600
5월	₩66,000×70%=	₩46,200
계		₩67,200

2. ▶ 5월 1일 잔액　₩22,000

▶ 현금회수　₩67,200

▶ 현금지출
- 4월 구매에 대한 5월 지출　₩54,000
- 기타 현금비용 지출　₩14,400

▶ 총지출　₩68,400

(1,200)

▶ 기말현금잔액　₩20,800

8-5 1. 생산수량예산(10월, 11월)

	9월		10월		11월		12월
판매예산	20,000개	20%	30,000개	20%	36,000개	20%	24,000개
기말재고예산	6,000		7,200		4,800		
제품소요량	26,000		37,200		40,800개		
기초재고수량			(6,000)		(7,200)		
생산수량예산			31,200		33,600개		

2. 제조원가예산(10월)

직접재료원가(31,200개×₩40)	₩1,248,000
직접노무원가(31,200개×₩20)	624,000
변동제조간접원가(31,200개×₩10)	312,000
고정제조간접원가	1,500,000
	3,684,000

3. 원재료 구매예산(10월)

	9월		10월		11월
생산수량예산			31,200개		33,600개
원재료 소비수량(1kg)		50%	31,200kg	50%	33,600kg
기말재고예산	15,600kg		16,800		
원재료 소요량			48,000kg		
기초재고량			(15,600)		
원재료 구매량			32,400kg		
			× ₩40		
원재료 구매예산			₩1,296,000		

4. 예산손익계산서(10월)

예산손익계산서

매출액(30,000개×₩200)		₩6,000,000
매출원가(30,000개×₩120)		3,600,000
매출총이익		2,400,000
판매관리비		
대손상각(₩6,000,000×0.02%)	₩120,000	

변동원가(30,000개×₩20)	600,000	
고정원가	400,000	1,120,000
영업이익(순이익)		1,280,000

5. 현금예산(10월)

월초 현금잔액		700,000
현금수입		
10월 매출액(₩6,000,000×40%)	₩2,400,000	
9월 매출액(₩4,000,000×58%)	2,320,000	4,720,000
현금지출		
원재료 매입	1,296,000*	
직접노무원가	624,000	
(31,200개×0.2시간×₩100)		
변동제조간접원가	312,000	
(31,200개×0.2시간×₩50)		
고정제조간접원가	1,100,000	
(1,500,000−400,000)**		
변동판매관리비	600,000	
(30,000***×₩20)		
고정판매관리비	300,000	4,232,000
(400,000−100,000)****		
월말 현금잔액		1,188,000

* 요구사항 3)에서 이미 계산되었다.
** 현금지출이 없는 고정제조간접원가
*** 변동판매관리비는 판매수량을 기준으로 계산하여야 한다.
**** 현금지출이 없는 고정판매관리비

8-6 1. 5월의 예상생산량

	X제품			Y제품		
	4월	5월	6월	4월	5월	6월
기초재고	20,000	28,000	32,000	8,000	12,000	10,000
판매량	50,000	70,000	80,000	20,000	30,000	25,000
기말재고	28,000	32,000		12,000	10,000	
생산량		74,000		28,000		

2.

4월의 매출액		5월의 매출액	
X : 50,000×₩50 =	₩2,500,000	70,000×₩50 =	₩3,500,000
Y : 20,000×100 =	2,000,000	30,000×100	3,000,000
	₩4,500,000		₩6,500,000

5월의 현금회수액		
4월의 매출채권회수액	₩4,500,000×0.6×0.7 =	₩1,890,000
5월의 매출채권회수액	6,500,000×0.6×0.3 =	1,170,000
5월의 현금매출액	6,500,000×0.4 =	2,600,000
		₩5,660,000

3. ① A 재료

	X	Y	합계
생산투입량	2×74,000 = 148,000	3×28,000 = 84,000	232,000
기초재고			25,000
기말재고			23,000
구입량			230,000

∴ 구입금액 : 230,000×6 = 1,380,000

② B재료

	X	Y	합계
생산투입량	1×74,000 = 74,000	2×28,000 = 56,000	130,000
기초재고			20,000
기말재고			18,000
구입량			128,000

∴ 구입금액 : 128,000×@₩5 = ₩640,000

4. 제품의 기말재고예산금액

① X 제품 단위당 원가

A재료	2×₩6 =	₩12
B재료	1×₩5 =	5
직접노무원가	2×₩3 =	6
제조간접원가	2×₩2 =	4
계		@₩27

∴ 재고예산금액은 32,000×₩27=₩864,000

② Y제품 단위당 원가

A재료	3×₩6=	₩18
B재료	2×₩5=	10
직접노무원가	3×₩4=	12
제조간접원가	3×₩2=	6
계		@₩46

재고수량 : 10,000개

∴ 재고예산금액은 10,000×₩46=₩460,000

8-7 1. 5월의 구매예산

5월 판매수량		33,000
5월 기말재고수량	27,000×130%=	35,100
		68,100
5월 기초재고수량	33,000×130%=	42,900
5월 구매량		25,200
5월의 구매예산	25,200×30=	756,000

2.

	4월		5월	
매출원가	35,000×30=	1,050,000	33,000×30=	990,000
기말재고액	33,000×130%×30=	1,287,000	27,000×130%×30=	1,053,000
기초재고액	35,000×130%×30=	(1,365,000)	33,000×130%×30=	(1,287,000)
당월구입액		972,000		756,000

5월의 현금지출액		
4월분 매입채무지급액	972,000×40%=	388,800
5월분 매입채무지급액	756,000×60%=	453,600
4월분 판관비 지급액	(1,750,000×15%−50,000)×40%=	85,000
5월분 판관비 지급액	(1,650,000×15%−50,000)×60%=	118,500
		1,045,900

3. 5월의 현금회수액

4월 매출액 회수분	1,750,000×10%=	175,000
5월 매출액 회수분	1,650,000×60%×(1−3%)=	960,300
	1,650,000×25%=	412,500
		1,547,800

8-8

2004년 2/4분기 생산량은 = 9,000+(8,000×30%)−(9,000×30%)=8,700

원재료 A의 소요량 = 8,700×3=26,100

원재료 A의 구매량=26,100+5,000−5,000=26,100

8-9

생산량예산:	
예상판매량	10,000개
기말목표재고량	4,000개
총필요량	14,000개
기초재고량	(3,000)
목표생산량	11,000개
구입예산:목표생산량의 생산에 필요한 수량	11,000kg*
기말목표재고량	2,000kg*
총필요량	13,000kg*
기초재고량	(1,000)g*
목표구입량	12,000kg

8-10

판매량	1,000,000단위
적정기말재고량	200,000단위
합계	1,200,000
기초재고량	100,000
예산생산량	1,100,000단위

연습문제 해답

제9장 표준원가계산제도 I

[객관식]

해 답

1 ④ 2 ③ 3 ② 4 ② 5 ② 6 ① 7 ② 8 ① 9 ② 10 ④ 11 ③
12 ④ 13 ③ 14 ① 15 ②

1 표준원가계산의 목적은 효과적인 원가관리·통제와 이를 통한 원가절감이며, 예산편성에 활용된다.

2 정상적인 원가차이는 금액이 중요하지 아니하면 매출원가에 가감하며, 금액이 중요하면 매출원가, 기말제품재고, 기말재공품재고에 안분하여야 한다. 따라서 중요한 경우에는 매출원가에도 배부하므로 기말재고에 배부한다는 설명은 잘못된 것이다.

3 기말제품수량 : 0+450－400=50
기말제품의 재료비 : (50×2)×SP=₩500 ∴SP=5

AQp×AP	AQp×SP	AQ×SP	SQ×SP
1,000×6.5	1,000×5	960×5	(450×2)×5
=6,500	=5,000	=4,800	=4,500
구입가격차이 ₩1,500 U		능률차이 ₩300 U	

4 실제수량 = $\frac{21,560}{21}$ = 980, 표준수량 = 100×10개 = 1,000

직접재료원가 능률차이 = 표준가격×(실제수량 - 표준수량) = ₩20×(980 - 1,000) = ₩400 유리

5 실제수량 = $\frac{21,560}{21}$ = 980, 표준수량 = 100×10개 = 1,000

직접재료원가 능률차이 = 표준가격×(실제수량 - 표준수량) = ₩20×(980 - 1,000) = ₩400 유리

6

AQ×AP	AQ×SP	SQ×SP
3,200kg×@11 = ₩35,200	3,200kg×@14* = ₩44,800	3,000kg×@14 = ₩42,000**
가격차이 9,600(F)		능률차이 2,800(U)

* 표준단가(SP): (₩35,200 + 19,600) ÷ 3,200g = ₩14

** 표준재료원가: ₩35,200 + 9,600 - 2,800 = ₩42,000

표준수량(SQ): ₩42,000 ÷ @14 ÷ 2,000개 = 1.5kg

7

AQ×AP	AQ×SP	SQ×SP
7,520×9,500 = 71,440,000	7,520×10,000 = 75,200,000	8,000×10,000=80,000,000
3,760,000 유리		4,800,000 유리

8

AQ×AP	AQ×SP	SQ×SP
196,400	1,000×200* = 200,000	1,200×200*=240,000
임률차이 3,600(유리)		능률차이 40,000(유리)

* 1,000×SP - 1,200×SP=-40,000 ∴ SP=200

9 전체 틀에서 풀이하는 순서는 다음과 같다.

AQ×AP	AQ×SP	SQ×SP
1,400,000	③ 1,280,000	① 1,000×21×64=1,344,000

④ 가격차이 120,000 불리　　② 수량차이 64,000 유리

10 ▶ 직접재료원가 실제발생액 : 500 × 100 + 1,000 − 2,000 = 49,000

▶ 직접노무원가 실제발생액 : 500 × 200 − 500 + 1,500 = 101,000

11 (SP−35) × 800=(−)400　　SP=30

(SQ−800) × 30 =3,000　　SQ=900

제품생산량 = 900 ÷ 9=100

12 ▶ 수량차이 = $(50\text{원} \times 20kg - \frac{35{,}000\text{원}}{28\text{원}}) \times 30\text{원} = (-)7{,}500\text{원}$(불리)

13 (1)

실제성과		변동예산(투입량기준)	변동예산(산출량기준)
AQ×AP		AQ×SP	SQ×SP
		81시간×₩9,000	83시간×₩9,000
₩1,166,400	→	= ₩729,000	= ₩747,000

임률차이 437,400(불리)

변동예산(산출량기준) : '실제생산량×단위당 표준직접노무원가'로 표현할 수도 있다.

₩747,000=300개×단위당 표준직접노무원가

∴ 단위당 표준직접노무원가=₩2,490

(2) 고정예산상 직접노무원가=예상 제품생산량×단위당 표준직접노무원가

₩896,400=예상 제품생산량×2,490

∴ 예상 제품생산량=360개

14 재공품이 존재하므로 선입선출법에 의한 재료원가 완성품환산량을 이용하여 SQ를 계산하자.

(1)

재공품 : 선입선출법					재료원가
기초재공품	1,000(0.8)	완성품	3,500		
		기초재공품	1,000(0.2)		200
당기착수	4,000	당기착수완성품	2,500		2,500
		비정상공손	200(1)		200
		기말재공품	1,300(0.6)		780
				계	3,680

(2) 직접재료원가 수량차이

AQ×SP	SQ×SP
9,000kg×₩10	7,360kg×₩10
	(3,680×2kg)
=₩90,000	=₩73,600

수량차이 16,400(불리)

15 ① 원가차이를 원가요소별로 안분하면 처음부터 실제원가로 계산한 것과 동일한 결과가 도출된다.

②

실제직접노무원가		재공품 (차변)	재공품 (대변)	제품 (차변)	제품 (대변)
		기초 -	직·노 160	기초 -	매출원가
₩250		직·노 200		직·노 160	직·노 80
DL 임률차이 50(불리)			기말		기말
			직·노 40		직·노 80

㉠ 매출원가에서 전액 조정할 경우
매출원가에 포함되는 직접노무원가 : ₩80+₩50=₩130

㉡ 원가요소법을 적용할 경우

매출원가에 포함된 표준직접노무원가		₩80
매출원가에서 조정되는 직접노무원가 임률차이 :	$₩50\times\frac{₩80}{₩40+₩80+₩80}=$	20
실제 매출원가에 포함된 직접노무원가		₩100

③ ②의 ㉡ 참조

④ 임률차이가 불리한 차이이므로 매출원가에 전액 반영하는 방법이 원가요소별로 안분하는 경우보다 이익이 더 작아진다. 따라서 매출원가에 전액 반영하는 방법이 더 보수적인 회계처리방법이라고 할 수 있다.

⑤ ② 참조

[주관식]

9-1

1.

(AQ×AP)	(AQ×SP)	(SQ×SP)
	1,000Kg×₩2,000	1,000단위×1.1Kg×₩2,000
₩1,900,000	=₩2,000,000	=₩2,200,000
가격차이 100,000(F)	수량차이 200,000(F)	

2.

(AQ×AP)	(AQ×SP)	(SQ×SP)
	1,200Kg×₩2,000	1,000단위×1.1Kg×₩2,000
₩1,900,000	=₩2,400,000	=₩2,200,000
가격차이 500,000(F)	수량차이 200,000(U)	

9-2

(AQ×AP)	(AQ×SP)	(SQ×SP)
	따라서	1,000단위×12시간×(x)
₩2,000,000	₩2,200,000	=₩2,640,000
임률차이 200,000(F)	능률차이 440,000(F)	

따라서 표준임율(x)=₩220

9-3 1. 직접재료원가 차이분석

14,400,000		4,500×3,500=15,750,000
	가격차이 1,350,000F	
4,000×3,500=14,000,000		750×5×3,500=13,125,000
	수량차이 875,000U	

2. 직접노무원가 차이분석

11,200,000	2,000×5,500=11,000,000	750×3×5,500=12,375,000
임률차이 200,000U	능률차이 1,375,000F	

9-4 직접재료원가

10,800cm×₩3,611.1 =39,000,000	10,800cm×₩3,500 =37,800,000	3,300단위×3cm×₩3,500 =34,650,000
가격차이 1,200,000U	수량차이 3,150,000U	

직접노무원가

5,000시간×₩5,160 =25,800,000	5,000시간×₩5,496 =27,480,000	3,300단위×1.484시간×₩5,496 ≒26,920,000
임률차이 1,680,000F	능률차이 560,000U	

1. 직접재료원가에 대한 cm당 실제원가: ₩3,611.1/cm

2. 직접재료원가 가격차이 1,200,000(U), 직접재료원가 총차이 4,350,000(U)

3. ① 시간당 표준 직접노무원가: ₩5,496/시간
   ② 표준허용시간: 3,300단위×1.484시간=4,897.2시간
   ③ 단위당 표준허용시간: 1.484시간

9-5

1. 재료구입 시점에서 분리할 경우

	50,000×400=	46,000×400=	10,000×4.5×400=
₩20,500,000	20,000,000	18,400,000	18,000,000

가격차이 500,000U　　　수량차이 400,000U

2. 재료사용 시점에서 분리할 경우

46,000×410*=	46,000×400=	10,000×4.5×400=
₩18,860,000	18,400,000	18,000,000

가격차이 460,000U　　　수량차이 400,000U

* $\frac{20,500,000}{50,000}=410$

3. 재료가격차이에 대한 분석시기는 빠를수록 좋다. 왜냐하면 표준으로부터의 편치를 경영자에게 주의환기시키는 일이 빠를수록 보다 더 빨리 문제점을 평가하고 시정할 수 있기 때문이다. 그리고 재료가격차이는 생산부서의 책임이 아니고 구매부서의 책임이므로 구매시 차이를 분석하는 것이 합리적이다.

4.

	31,000×1,000=	10,000×3×1,000=
₩30,690,000	31,000,000	30,000,000

임률차이 310,000F　　　능률차이 1,000,000U

9-6

3,500,000	3,800,000	4,000,000

임률차이 300,000 F　　　능률차이 200,000 F

1. 6월분 직접노무원가 표준 임률
   2,000×10×P=4,000,000
   ∴ P=₩200/hr
2. 6월분 실제직접노무시간
   200×Q=3,800,000
   Q=19,000hr

9-7 1. M관

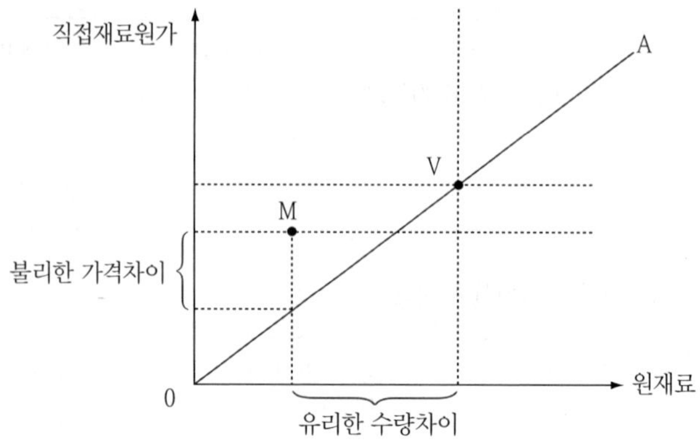

2. K관

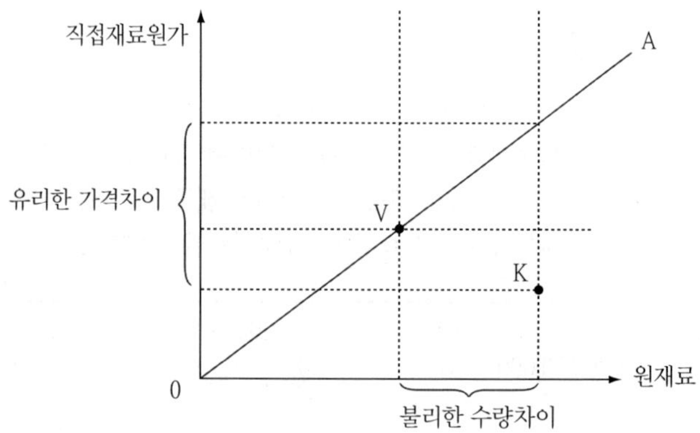

3. X관

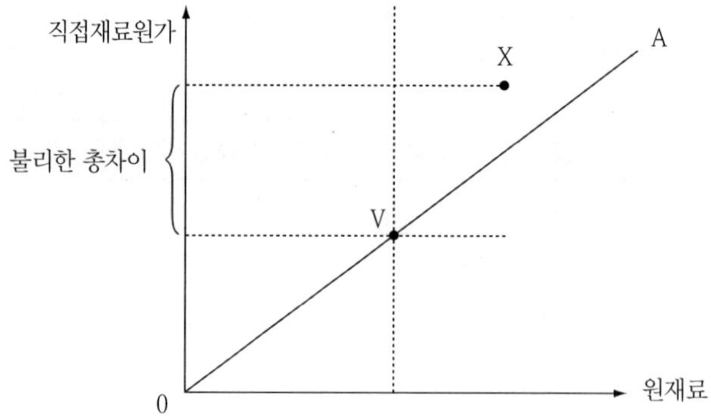

9-8

1. 21,000개의 완제품에 허용되는 표준 직접노무원가는
$2,000\times\frac{18분}{60}\times₩8,500=₩53,500,000$, 실제 발생노무원가보다 ₩450,000 작다.

2. 직접노무원가 임률차이: $54,000,000-6,000시간\times₩8,500=₩3,000,000U$
직접노무원가 능률차이: $\left(6,000시간-21,000\times\frac{18}{60}\right)\times₩8,500=₩2,550,000F$

3. 변동제조간접원가 소비차이: $15,300,000-6,000시간\times₩2,800=₩1,500,000F$
변동제조간접원가 능률차이: $\left(6,000시간-21,000\times\frac{18}{60}\right)\times₩2,800=₩840,000F$

9-9

1.

50,000kg×₩1,950 =	50,000×2,000 =	45,000×2,000 =	20,000개×3×2,000 =
₩97,500,000	₩100,000,000	₩90,000,000	₩120,000,000
가격차이 2,500,000F		수량차이 30,000,000F	

2.

12,000×6,200 =	12,000×5,000 =	20,000×1.1×5,000 =
74,400,000	60,000,000	110,000,000
임률차이 14,400,000U	능률차이 50,000,000F	

3.

	12,000×1,450 =	20,000×1.1×1,450 =
₩18,000,000	17,400,000	31,900,000
소비차이 600,000U	능률차이 14,500,000F	

4.

변동원가:	
직접재료원가	120,000,000
직접노무원가	110,000,000
변동제조간접원가	31,900,000
차이조정:	
재료가격차이	(−) 2,500,000
재료수량차이	( ) 30,000,000
노무임률차이	(+) 14,400,000

노무능률차이	(−)	50,000,000
VOH 소비차이	(+)	600,000
VOH 능률차이	(−)	14,500,000
		179,900,000

* 총원가 차이 82,000,000(F)이므로 매출원가에서 차감

9-10 직접노무원가 차이분석

		4,000×0.5×20,000=
39,900,000	38,000,000	40,000,000
임률차이 1,900,000U		능률차이 2,000,000F

1. 4,000×0.5=2,000
2. AH×20,000=38,000,000 AH=1,900hr
3. AP×1,900=39,900,000 AP=₩21,000

직접재료원가 차이분석

68,250,000	65,000,000
가격차이 3,250,000U	
57,500,000	4,000×3×5,000=60,000,000
수량차이 2,500,000F	

4. 4,000×3kg=12,000kg
5. AQ=11,500kg
6. AQ=13,000kg
7. AP=5,250kg

연습문제 해답

제10장 표준원가계산제도 Ⅱ

[객관식]

해 답

1 ⑤ 2 ② 3 ① 4 ⑤ 5 ④ 6 ③ 7 ④ 8 ① 9 ① 10 ⑤ 11 ③
12 ④ 13 ③ 14 ⑤ 15 ④

1 변동제조간접원가 실제발생액: ₩15,000 − 7,200 = ₩7,800
변동제조간접원가 소비차이: ₩7,800 − 3,500 × ₩2.5 = (−)₩950 F

2 변동제조간접원가 능률차이는 표준배부율×(실제시간 − 표준시간)
= ₩3 × (10,500시간 − 5,000개 × 2시간) = ₩1,500 불리

3 시간당 변동제조간접원가 $= \dfrac{₩5{,}000{,}000}{1{,}000\text{개} \times 5\text{시간}} = ₩100/\text{시간}$

AQ × SP	SQ × SP
30,000×100 = 3,000,000	8,000×5×100=4,000,000

능률차이 1,000,000(유리)

4

실 제	예 산	배 부
7,200	200×30=6,000	250×30=7,500

예산차이 1,200(불리) 조업도차이 1,500(유리)

5

▶ 변동제조간접원가

AQ × SP	SQ × SP
800×3,000=2,400,000	750×3,000=2,250,000

능률차이 150,000 (불리)

* ₩3,000,000/1,000=₩3,000

▶ 고정제조간접원가

예 산	배 부
8,000,000	750×8,000=6,000,000

조업도차이 2,000,000 (불리)

* ₩8,000,000/1,000=₩8,000

6

▶ 표준직접노무원가 : 250개×₩300=₩75,000

▶ 변동제조간접원가

AQ × SP	SQ × SP
77,000×1.5=115,500	75,000×1.5=112,500

3,000 불리

7

허용시간=₩138000÷₩6=23,000h

(23,000h－20,000h)×시간당 고정제조간접원가배부액=₩27,000

시간당 고정제조간접원가배부액=₩9

20,000h×₩9－실제고정제조간접원가=(－)₩30,000

실제고정제조간접원가=₩210,000

8

▶ 직접재료가격차이 = (₩10 − ₩9.5) × 2,300kg = ₩1,150(유리)

▶ 직접재료수량차이 = (1,100단위 × 2kg − 2,300kg) × ₩10 = (−) ₩1,000(불리)

▶ 직접재료(실제원가) = 2,300kg × ₩9.5 = ₩21,850 [직접재료]

▶ 직접재료(표준원가) = 1,100단위 × ₩20 = ₩22,000 [재공품]

9

▶ 고정예산상 비율 = $\frac{36,000}{18,000}$ = 2

▶ 조업도차이 = 36,000 − (21,000 × 2) = 6,000(유리)

10

▶ 2월

실 제	예 산	배 부
		1,000 × 5* = 5,000
400 불리		750 불리

▶ 3월

실 제	예 산	배 부
5,450	5,750	1,250 × 5* = 6,250
300 불리		750 불리

* 250개 × SP = 1,250 유리 ∴ SP = 5

해 설

실제생산량이 250개 증가할 때 조업도차이가 ₩750 불리에서 ₩50 유리로 ₩1,250 변하였다. 이는 실제생산량 단위당 고정제조간접원가 배부율이 ₩5이라는 의미이다.

11

▶ 고정제조간접원가 배부율 : 200,000 ÷ 1,000 = 200

▶ 차이분석

실 제	변동예산	배부
355,000	1,100 × 125 + 200,000 = 337,500	1,100 × (125 + 200) = 357,500
예산차이 17,500 불리		조업도차이 20,000 유리

12

AQ×AP	AQ×SP	SQ×SP
37,800	28,000 × 1.5 = 42,000	10,000 × 3 × 1.5 = 45,000
4,200 유리		3,000 유리

13

(생산량-150)× 30,000/150=2,000

∴ 생산량=160

(160× 0.5-실제시간)× 600=(-)6,000

∴ 실제시간=90

(1,000-실제임률)× 90=(-)4,500

실제임률=₩1,050

14

변동제조간접원가차이

AQ×AP	AQ×SP	SQ×SP
₩5,000,00	51,000시간× @100=₩5,100,000	10,000단위×5시간×@100=₩5,000,000
소비차이 ₩100.000 유리	능률차이 ₩100,000 불리	

고정제조간접원가차이

실 제	예 산	배부(SQ×SP)
₩2,000,000	₩1,800,000	10,000단위×5시간×@72=₩3,600,000
예산차이 ₩200,000 불리	조업도차이 ₩1,800,000 유리	

∴ 소비차이와 조업도차이가 유리한 차이임.

15

(1) 변동제조간접원가 표준배부율 $=\dfrac{₩6,000,000}{1,000시간}=₩6,000$

고정제조간접원가 표준배부율 $=\dfrac{₩8,000,000}{1,000시간}=₩8,000$

(2)

	실제원가	변동예산(투입량기준)	변동예산(산출량기준)	표준배부액
[고정제조간접원가]	실제발생액	고정제조간접원가예산 =	고정제조간접원가예산	SQ×SP
				750시간×₩8,000
			₩8,000,000	= ₩6,000,000
			조업도차이 2,000,000(불리)	
[변동제조간접원가]	실제발생액	AQ×SP=	SQ×SP =	SQ×SP
		800시간×₩6,000	750시간×₩6,000	
		= ₩4,800,000 →	= ₩4,500,000	
		능률차이 300,000(불리)		

[주관식]

10-1 고정제조간접원가의 SP: ₩120,000÷25,000시간=₩4.8

실 제	예 산	배 부
₩124,700	25,000시간×₩4.8=₩120,000	(12,200개×2시간)×₩4.8=₩117,120

예산차이 ₩4,700 불리　　조업도차이 ₩2,880 불리

10-2 1. 종합변동예산

	단위당	2,000	2,500	3,000	3,500	4,000
매출액	₩1,000	₩2,000,000	₩2,500,000	₩3,000,000	₩3,500,000	₩4,000,000
비 용						
직접재료원가	200	₩400,000	₩500,000	₩600,000	₩700,000	₩800,000
직접노무원가	50	100,000	125,000	150,000	175,000	200,000
제조간접원가	800,000+@100	1,000,000	1,050,000	1,100,000	1,150,000	1,200,000
일반관리비		500,000	500,000	500,000	500,000	500,000
순이익(손실)		0	₩325,000	₩650,000	₩975,000	₩1,300,000

2. 조업도차이=고정원가 배부율*(기준조업도－실제판매량)

실제판매량이 목표판매량보다 200개 적은 경우 조업도차이=320(2,500－2,300)=₩64,000(불리)

실제판매량이 목표판매량보다 200개 많은 경우 조업도차이=320(2,500－2,700)=₩64,000(유리)

* $\frac{800,000}{2,500}$ = ₩320

10-3

1. 제조간접원가 예정배부율 = $\frac{1,400,000}{40,000}$ = ₩35/기계시간

변동요소 = $\frac{1,200,000}{40,000}$ = ₩30/기계시간

고정요소 = $\frac{200,000}{40,000}$ = ₩5/기계시간

2. 표준허용기계시간=제품단위당 예산기계시간×실제생산량

= $\frac{40,000}{20,000}$ ×20,100=40,200

3.

실제발생액	실제시간×예정배부율	실제산출량에 허용된 기계시간×예정배부율
1,200,000	1,260,000	1,206,000

소비차이 ₩60,000(유리)　　능률차이 ₩54,000(불리)

변동제조간접원가 총차이 ₩6,000(유리)

4.

실제발생액	변동예산액	배부된 고정제조간접원가
₩220,000	₩200,000	₩201,000

예산차이₩20,000(불리)　　조업도차이 ₩1,000(유리)

고정제조간접원가 총차이 ₩19,000(불리)

10-4

1.

표준원가표	(1,000단위)
직접재료원가(2m, 단가500)	₩1,000,000
직접노무원가(2시간, 단가700)	1,400,000
변동제조간접원가(2시간, 단가400)	800,000
고정제조간접원가(2시간, 단가510)	1,020,000
총표준원가	₩4,220,000

2. ① 직접재료원가 구입가격차이=재료구입량(실제단위당구입가격－구입량단위당표준가격)
=2,000(520－500)=₩40,000(불리)

직접재료원가 능률차이=단위당 표준가격(실제투입량－표준투입량)
=500(1,900－2,000)=₩50,000(유리)

② 직접노무원가 임률차이=실제작업시간(실제임률－표준임률)
=1,980(710－700)=₩19,800(불리)

직접노무원가 능률차이=표준임률(실제작업시간－실제 산출량에 허용된표준작업시간)
=700(1,980－2,000)=₩14,000(유리)

3. ① 변동제조간접원가 소비차이=실제작업시간(실제가격－표준가격)
=실제발생액－실제작업시간에 허용된 예산변동제조간접원가
=1,300,000－1,980×400=₩508,000(불리)

변동제조간접원가 능률차이=표준배부율(실제작업시간－실제 산출량에 허용된 표준작업시간)
=400(1,980－2,000)=₩8,000(유리)

② 고정제조간접원가 예산차이=실제발생액－고정제조간접원가 예산
=700,000－765,000=₩65,000(유리)

고정제조간접원가 조업도차이=표준배부율(기준조업도－표준허용작업시간)
=고정제조간접원가 실제산출량에 배부된 고정제조간접원가
=510(1,500－2,000)=₩255,000(유리)

4. 기준조업도의 선택에 따라서 고정제조간접원가 표준배부액$\left(\frac{\text{고정제조간접원가 예산}}{\text{기준 조업도}}\right)$이 커지거나 작아짐으로써 결과적으로 제품원가*에 영향을 미친다.

* 기준조업도가 높은 경우 : 단위당 고정제조간접원가 배부액이 작아져 단위당 제품원가 낮아짐.

10-5

1. 표준허용시간=1,000단위×6시간=6,000시간
2. 고정제조간접원가예산=배부된 고정제조간접원가+불리한 조업도차이
=6,000×3,500+1,050,000=22,050,000
3. 예산차이=실제발생액-고정제조간접원가 예산
=21,300,000-22,050,000=750,000(유리)
4. $\text{기준조업도} = \frac{\text{고정제조간접원가 예산}}{\text{고정제조간접원가 표준배부액}} = \frac{22,050,000}{3,500} = 6,300\text{직접작업시간}$

10-6

1. $\text{제조간접원가 예정배부율}=1,000/\text{시간당}+\frac{20,000,000}{50,000}=₩1,400/\text{시간당}$
변동요소=₩1,000/시간당
$\text{고정요소} = \frac{20,000,000}{50,000} = ₩400/\text{시간당}$

2. 단위당 표준원가표

직접재료원가(2Kg, 단가 5,000)	₩10,000
직접노무원가(2시간, 단가 6,000)	12,000
변동제조간접원가(2시간, 단가 1,000)	2,000
고정제조간접원가(2시간, 단가 400)	800
총표준원가	₩24,800

3. 허용된 표준시간=26,000×2시간=52,000시간

4. 제조간접원가

차변		대변	
변동제조간접원가 발생액	₩53,795,000	제조간접원가 배부액	₩72,800,000
고정제조간접원가 발생액	20,500,000		
부족배부액	₩1,495,000		

5. 변동제조간접원가 소비차이=실제시간×(실제가격-표준가격)
$=53,000\left(\frac{53,795,000}{53,000}-1,000\right)=₩795,000(\text{불리})$
변동제조간접원가 능률차이=표준가격(실제시간-표준허용시간)
=1,000(53,000-52,000)=₩1,000,000(불리)
고정제조간접원가 예산차이=실제발생액-고정제조간접원가 예산
=20,500,000-20,000,000=₩500,000(불리)
고정제조간접원가 조업도차이=표준배부액(기준조업도-표준허용시간)
=400(50,000-52,000)=₩800,000(유리)
∴ 총차이 ₩1,495,000만큼 부족배부되었다.

6. 기준조업도 50,000일 때의 조업도차이=₩800,000(유리)
기준기업도 55,000일 때의 조업도차이=363.63*(55,000−52,000)=1,090,909(불리)
따라서 기준조업도가 55,000일 때 조업도차이가 ₩1,090,909 불리한 차이로 변한다.

* 표준배부율 = $\frac{20,000,000}{55,000}$ = 363.63

10-7 1. 고정제조간접원가 차이분석

₩272,000	₩256,000 (3,200,000×0.02×₩4)	₩224,000 (2,800,000×0.02×₩4)
소비차이 ₩16,000U	조업도차이 ₩32,000U	

2. 고정제조간접원가 총차이는 소비차이(₩16,000U)와 조업도차이(₩32,000U)의 합으로 ₩48,000(불리)이다.
∴ 따라서 고정제조간접원가 총차이 W48,000만큼 과소배부.

10-8 1. ① 변동제조간접원가 예정배부율=$\frac{₩70,000}{20,000시간}$= ₩3.5/시간
② 고정제조간접원가 예정배부율=$\frac{₩50,000}{20,000시간}$=₩2.5/시간

2. ① 변동제조간접원가 배부액=6,000단위×3.5시간×₩3.5= ₩73,500
② 고정제조간접원가 배부액 6,000단위×3.5시간×₩2.5= ₩52,500
₩126,000

3. 변동제조간접원가

AQ×AP	AQ×SP	SQ×SP
65,500	19,500시간×3.5=68,250	6,000단위×3.5시간×3.5=73,500
소비차이 2,750F	능률차이 5,250F	

고정제조간접원가

AQ×AP	AQ×SP	SQ×SP
56,300	20,000시간×2.5=50,000	6,000×3.5×2.5=52,500

6,300U　　2,500F

10-9

1. 변동제조간접원가

	₩11,190	₩11,936	₩11,936
₩14,174	(5,595×₩2)	(7,460×0.80×₩2)	(7,460×0.80×₩2)

소비차이 ₩2,984U　능률차이 ₩746F

변동예산차이 ₩2,238U

2. 고정제조간접원가

			₩22,380
₩27,600	₩24,000	₩24,000	(7,460×0.80×₩3.75)

소비차이 ₩3,600U　조업도차이 ₩1,620U

10-10

▶ 생산조업도차이 $=(1,300-1,200)\times\dfrac{900}{1,200}=750$(유리)

연습문제 해답

제11장 분권화와 성과평가

[객관식]

해 답

1 ⑤ 2 ① 3 ① 4 ③ 5 ③ 6 ③ 7 ④ 8 ④ 9 ③ 10 ④ 11 ④
12 ④ 13 ① 14 ⑤ 15 ③

1 ① 투자수익률은 개별 투자안의 성과평가에 적용될 수 있다.
② 잔여이익에서는 평가대상의 위험을 최저필수수익률에 반영한다.
③ 잔여이익에서는 투자규모가 큰 투자중심점이 상대적으로 유리해진다.
④ 절대평가는 인구, 경제상황, 규제정책 등 공통의 통제 불가능한 요소가 성과평가에 미치는 영향을 제거하기 어렵다

2 ROI의 가장 큰 문제점은 준최적화 현상이다. 따라서 ROI를 보상평가기준으로 사용하면 대리인비용이 절감되기 어렵다.

3 잔여이익(A) : 300,000 - (1,300,000 × 15%) = 105,000
잔여이익(B) : 330,000 - (1,200,000 × 19%) = 102,000
잔여이익(C) : 350,000 - (1,500,000 × 16%) = 110,000

4 이익 = ₩1,000,000 - 600,000 - 100,000 = ₩300,000
잔여이익 = ₩300,000 - ₩200,000 × 6% = ₩288,000

5 가중평균자본비용: $0.1 \times (1-0.4) \times 0.5 + 0.14 \times 0.5 = 0.1$

EVA(남부): $250{,}000 \times (1-0.4) - (2{,}000{,}000 - 500{,}000) \times 0.1 = 0$

EVA(중부): $2{,}000{,}000 \times (1-0.4) - (10{,}000{,}000 - 3{,}000{,}000) \times 0.1 = 500{,}000$

6 투자수익률을 사용하면 투자규모가 상이한 투자중심점의 성과를 직접적으로 비교할 수 있다.

7 [투자수익률 사용]

1,000단위×(P－₩100)－₩200,000＝₩500,000×20%

P＝₩400

[잔여이익 사용]

1,000단위×(P－₩100)－₩200,000＝₩500,000×15%

P＝₩375

8 ① 투자이익률(A) $= \dfrac{32{,}000}{100{,}000} = 32\%$

투자이익률(B) $= \dfrac{30{,}000}{50{,}000} = 60\%$ → 가장 우수

투자이익률(C) $= \dfrac{21{,}000}{50{,}000} = 42\%$

② 잔여이익(A) $= 32{,}000 - 100{,}000 \times 0.2 = 12{,}000$

잔여이익(B) $= 30{,}000 - 50{,}000 \times 0.2 = 20{,}000$ → 가장 우수

잔여이익(C) $= 21{,}000 - 50{,}000 \times 0.2 = 11{,}000$

③ 잔여이익 증가 $= 10{,}000 - 40{,}000 \times 0.2 = 2{,}000$

④ 투자이익률(투자안) $= \dfrac{10{,}000}{40{,}000} = 25\%$ 〈 32% → 투자 안함

⑤ 투자이익률(투자안)＝25% 〈 20 (자본비용) → 투자함

9 최소대체가격: 40＋28＋12＝₩80

최대대체가격: ₩90

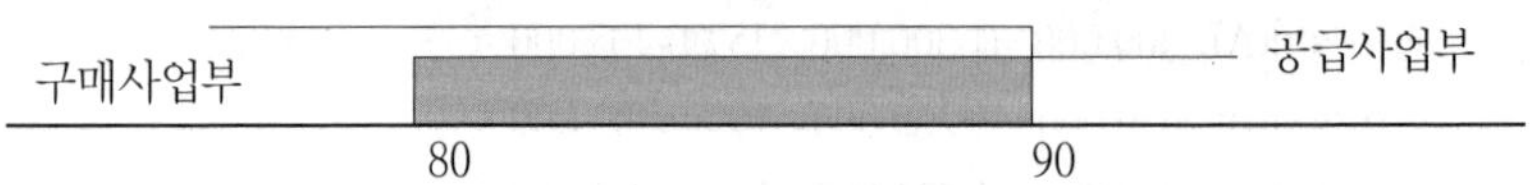

10 ▶ 단위당 최소판매가격 $= 120 + 10 + \dfrac{10{,}000 \times 1.5 \times (400 - 180 - 60)}{10{,}000} = 370$

11 최소대체가격: 58+(100−58−8)=92

〈**별 해**〉

최소대체가격: 100−8=92

해 설

외부수요가 충분한 경우에는 시장가격에서 내부대체시 절감되는 단위당 원가를 차감하여 최소대체가격을 산정할 수 있다.

12 ▶ 최소대체가격: 100

▶ 최대대체가격: $90+\frac{100,000}{20,000}=95$

∴ 자율성 기준에 의한 대체가격의 범위는 존재하지 않는다.

13 비재무적 성과측정치는 선행지표, 재무적 성과측정치는 후행지표이다.

14 균형성과표(BSC)에서 성과측정치의 인과관계는 다음과 같다.

학습과 성장관점→내부프로세스 관점→고객관점→재무적 관점

∴ 균형성과표의 최종 결과물은 재무적 성과이다.

15 단위당 최저판매가격

$$=\frac{(500-200-100-50-25)\times 1,200+(200+100+50+25-5)\times 3,000}{3,000}=420$$

[주관식]

11-1 1. A회사 투자수익률 $=\frac{\text{순영업이익}}{\text{평균영업용자산}}=\frac{600,000}{3,000,000}=20\%$

B회사 투자수익률 $=\frac{\text{순영업이익}}{\text{평균영업용자산}}=\frac{560,000}{7,000,000}=8\%$

C회사 투자수익률 $=\frac{\text{순영업이익}}{\text{평균영업용자산}}=\frac{800,000}{5,000,000}=16\%$

2. A회사 잔여이익=600,000−3,000,000×14%=₩180,000
B회사 잔여이익=560,000−7,000,000×10%=(₩140,000)
C회사 잔여이익=800,000−5,000,000×16%=₩0

3. (1) B회사가 투자안을 받아들일 것이다. 반면에 A, C회사는 투자안을 거절할 것이다. 왜냐하면 B회사는 투자안의 수익률이 회사의 투지수익률보다 높기 때문에 투자안을 받아들일 것이다. 반대의 이유 때문에 A, C회사는 투자안을 거절할 것이다.

(2) A, B회사가 투자안을 받아들일 것이다. 반면에 C회사는 투자안을 거절할 것이다. 왜냐하면 A, B회사는 최저필수수익률보다 투자안의 수익률이 높기 때문에 잔여이익이 발생하고 따라서 투자안을 받아들이게 된다. 반대의 이유로 C회사는 투자안을 거절할 것이다.

11-2

1. 전년도 ROI = $\frac{80,000}{500,000}$ = 16%

2. ROI = $\frac{90,000}{500,000}$ = 18%

3. ROI = $\frac{(80,000+40,000)}{500,000}$ = 24%

11-3

1.

	갑 사업부	을 사업부
매출액	₩3,000,000	₩9,000,000
순영업이익	210,000	720,000
평균영업용자산	1,000,000	4,000,000
투자수익률	21%	18%

2. 직접재료원가를 60,000 절감시키면 순이익이 60,000 증가한다.
투자수익률 = $\frac{60,000+210,000}{1,000,000}$ = 27%

3. 매출액이 300,000증가하면 순이익이 300,000×0.333(공헌이익률)이 증가한다.
투자수익률 = $\frac{100,000+210,000}{1,000,000}$ = 31%

4. ① 갑 사업부 최저요구수익=1,000,000×15%=150,000
잔여이익=210,000−150,000=60,000
② 을 사업부의 최저요구수익=4,000,000×15%=600,000
잔여이익=720,000−600,000=120,000

5. 기업의 부를 보다 많이 증가시키기 때문에 을 사업부가 더 잘 관리했다고 할 수 있다.

11-4 1. 최소대체가격 = 단위당 변동원가 + $\frac{\text{대체시 총공헌이익 손실액}}{\text{대체수량}}$
= 대체시의 단위당 증분비용 + 대체시의 단위당 기회비용
= ₩16 + ₩0 = ₩16
펌프사업부는 외부에서 ₩29에 밸브를 구입할 수 있으므로 펌프사업부의 최대 대체가격은 ₩29라고 할 수 있다. ∴ ₩16 ≦ 대체가격 ≦ ₩29

2. 밸브사업부가 여유생산능력이 없다면 외부판매량을 줄여야 할 것이며 이에 따른 기회비용을 고려해야 한다.
최소대체가격(공급사업부 입상)≧₩16 + $\frac{(₩30-₩16)\times10{,}000}{1{,}000{,}000}$ = ₩16 + ₩14 = ₩30
최대대체가격(수요사업부입장)≦29
∴ 대체가 일어나지 않음

3. 최소대체가격(공급사업부 입장)≧(₩16−₩3) + $\frac{(₩30-₩16)\times10{,}000}{1{,}000{,}000}$ = ₩27
최대대체가격(수요사업부입장) ≦ 29
∴ 27 ≦ 대체가격 ≦ 29

11-5 1. 최소대체가격=(₩18−1)+12=₩29

2. 최소대체가격=(₩18−1)+0=₩17

11-6 1. 최소대체가격(공급사업부 입장) ≥ 변동원가 + 기회비용
기회비용 = $\frac{₩(30-12-4)\times20{,}000}{20{,}000}$ = ₩14
∴ 최소대체가격 ≧ (₩10+₩1)+₩14=₩25, 최대대체가격(수요사업부) ≦ 29
∴ 25 ≦ 대체가격 ≦ 29

2. 회사 전체의 관점에서 볼 때 대체가 일어나는 것이 더 유리하다(단위당 ₩4만큼 이익).

11-7

특별주물의 제조원가 = ₩12

일반주물의 생산포기에 따른 기회비용 = (40 − 24) × 25,000 = ₩400,000

단위당 기회비용 = $\frac{400,000}{20,000}$ = ₩20

∴ 이전가격 = 제조원가 + 기회비용 + 포장 및 운송비용 = 12 + 20 + 1 = ₩33

11-8

1. 전량을 외부 판매가능

   (1) 이전가격 = 판매가격 = ₩20,000

   (2) 이익증가(감소) = (20,000 − 18,000) × 3,000 = (₩6,000,000)

   (3) 부품국산화

2. (1) 이전가격 = 변동원가와 외부구입가격 사이에서 결정

   = ₩11,000~₩18,000

   (2) 이전가격을 ₩11,000에서 ₩16,000 사이로 조정해야 한다.

   (3) 회사전체의 이익을 위해서 부품사업부에서 구입해야 한다.

   (4) 최저이전가격 = 변동원가 = ₩11,000

11-9

1. 부품을 대체하지 않을 경우

	갑 사업부	을 사업부	회사 전체
매 출 액	200	-	200
변동원가	120	-	120
공헌이익	80	-	80

부품을 대체할 경우

	갑 사업부	을 사업부	회사 전체
매 출 액			
외부판매	-	300	300
내부대체	200	-	-
변동원가			
부문원가	120	150	270
대체원가	-	200	-
공헌이익	80	(50)	30

(1) 회사 전체의 관점에서 갑 사업부가 부품을 을 사업부에 대체하지 않는 것이 단위당 ₩50만큼 유리하다. 따라서 대체하지 않아야 한다.

(2) 갑 사업부와 을 사업부가 모두 수용가능한 최소대체가격을 x라 하면,

i) 최대대체가격

갑 사업부가 받아들일수 있는 최소대체가격을 x라 하면 x-120(대체시의 공헌이익)=80(비대체시의 공헌이익)

∴ x=₩200

ii) 최대대체가격

을 사업부가 받아들일수 있는 최대대체가격을 x라 하면 300-150-x(대체시의 공헌이익)=0(비대체시의 공헌이익)

∴ x=₩150

따라서 갑 사업부와 을 사업부가 모두 수용가능한 대체가격은 존재하지 않는다.

(3) 시장가격은 ₩200은 을 사업부의 최대대체가격 ₩150을 초과하므로(즉, 을 사입부의 입장에서는 대체받지 않는 것이 단위당 ₩50만큼 유리하므로) 을 사업부는 대체빋지 않을 것이며, 이는 회사 전체의 관점에서의 최적의사결정과 일치한다. 따라서 이 경우 시장가격은 올바른 대체가격이다.

2. 부품을 대체하지 않을 경우

	갑 사업부	을 사업부	회사 전체
매 출 액	800개×@200=160,000	-	160,000
변동원가	800개×@120= 96,000	-	96,000
공헌이익	64,000		64,000

부품을 대체할 경우

	갑 사업부	을 사업부	회사 전체
매 출 액			
외부판매	800개×@200=160,000	200개×@300=60,000	220,000
내부대체	200개×@200= 40,000	-	-
변동원가			
부문원가	1,000개×@120=120,000	200개×@150=30,000	150,000
대체원가	-	200개×@200=40,000	-
공헌이익	80,000	(10,000)	70,000

(1) 회사 전체의 관점에서 갑 사업부가 부품을 을 사업부에 대체하는 것이 월간 ₩6,000(단위당 ₩30)만큼 유리하다. 따라서 대체하여야 한다.

(2) 갑 사업부와 을 사업부가 모두 수용가능한 대체가격의 범위

i) 최소대체가격

갑 사업부가 받아들일 수 있는 최소대체가격을 x라 하면 160,000+200x-120,000(대체시의 공헌이익)=64,000(비대체시의 공헌이익)

∴ x=₩120

ii) 최대대체가격

을 사업부가 받아들일 수 있는 최대대체가격을 x라 하면 60,000-30,000-200x(대체시의 공헌이익)=0(비대체시의 공헌이익)

∴ x=₩150

따라서 갑 사업부와 을 사업부가 모두 수용가능한 대체가격의 범위는 120 ≦ x ≦ 150이다.

(3) 완제품의 판매가격이 불확실한 경우에 적절한 대체가격은 최소대체가격인 ₩120이다.

3. (1) 대체가 이루어졌다면 대체가격과는 관계없이 회사전체에 대한 공헌액은 200개×@30=₩6,000만큼 증가한다.

(2) ₩150은 을 사업부가 받아들일 수 있는 최대대체가격이므로 이 가격으로 대체가 이루어질 경우 을 사업부의 이익증가액은 ₩0이다. 그러나 회사 전체의 관점에서는 대체가 이루어지면 회사 전체에 대한 공헌액이 200개×@30=6,000만큼 증가하므로 구입하여야 한다.

11-10 최소이전대체가격=10+(25-10)=25 최대이전대체가격=80-30-5=45

연습문제 해답

제12장 관련원가와 특수의사결정

[객관식]

해 답

1 ⑤ 2 ⑤ 3 ② 4 ② 5 ⑤ 6 ⑤ 7 ① 8 ② 9 ① 10 ③ 11 ③
12 ⑤ 13 ③ 14 ④ 15 ②

1 ▶ 원가행태 분류

$$b = \frac{30,000 \times ₩2,300 - 25,000 \times ₩2,500}{30,000 - 25,000} = ₩1,300$$

▶ 추가주문수락으로 인한 영업이익 증가 : 5,000개×(₩1,600－1,300)＝₩1,500,000

2

증분수익	증분비용
변동원가 감소 6,000×2,000 고정비 감소 1,400,000	대행수수료 13,000,000

∴ 증분이익: 400,000

3

증분수익	증분비용
매출액 증가 30,000	변동원가 증가 30,000÷250×150 광고비 감소 10,000

∴ 증분이익: 2,000

4

증분수익	증분비용
매출액 증가　3,000×P	변동원가 증가　3,000×380 기회비용　3,000×(500-380)

∴ 증분이익: 3,000P - 1,260,000 ≥ 0

∴ P ≥ 420

5

증분수익	증분비용
변동원가 감소　1,000×12=12,000 고정원가 감소　1,000×9×2/3=6,000	구입원가　1,000×20=20,000

∴ 증분이익(손실) = 18,000 - 20,000 = (2,000)

6

	순 위	시 간	수 량	공헌이익
A	1	3,000h	3,000	3,000h×₩25=₩75,000
B	2	3,000h	3,000h÷1.5h=2,000	2,000h×₩30=₩60,000
합		6,000h	6,000h	₩135,000

7

외부구매시 증분이익

= ₩10,000 + ₩20,000 + ₩10,000 + ₩10,000 + ₩15,000 - 250개 × 200 = ₩15,000

8

증분수익	증분비용
변동원가 감소　84,000 고정원가 감소　40,000×3/4 = 30,000	매출액 감소　120,000 갑부문 공헌이익 감소　48,000×0.1 = 4,800

∴ 증분이익(손실) = 114,000 - 124,800 = (10,800)

∴ 회사 전체 영업이익 = 14,000 - 10,800 = 3,200

증분수익	증분비용
매출액 증가　15,000 × 8 = 120,000 5,000 × 2 = 10,000 10,000 × 6 = 60,000	매출액 감소　120,000 추가가공원가　35,000*

* 27,000 + 5,000 + 1,000 + 2,000 = 35,000

∴ 증분이익: 190,000 - 155,000 = 35,000

9

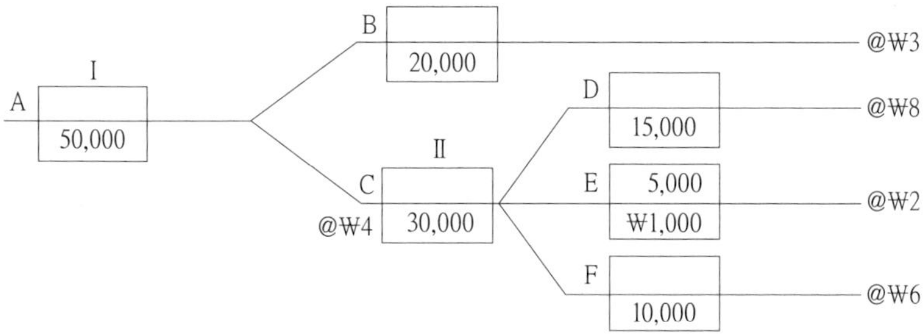

10

제품	기계시간당 공헌이익	순위	생산단위
A	$\frac{73-40.8-2.2}{1.25}=52.8$	1	1,000
B	$\frac{87-45.1-1.9}{2.5}=16$	2	$\frac{13{,}650-1{,}000\times1.25-3{,}000\times1.8}{2.5}=52.8$
C	$\frac{84-45-3}{1.8}=20$	3	3,000

11 단위당 공헌이익이 H는 ₩100-(40+20+10)=₩30, L은 ₩60-(20+15+5)=₩20이나 단위당 소요시간이 H가 L의 2배이므로 특별주문을 수락하는 대신 이익감소가 적은 H 50개를 포기한다. 특별주문 L의 단위당 공헌이익은 ₩50-(20+15+5)=₩10이다.

(수락)

L 100개 공헌이익 증가	10×100	=	₩1,000+
H 50개 공헌이익 감소	30×50	=	1,500-
이익증감			₩ 500-

12

	특수필터	일반필터
판매가격	500	300
변동원가	350	270
단위당 공헌이익	150	30
단위당 소요시간	3	2
시간당 공헌이익	50	15
생산 우선순위	1	2

매출배합 변경전 공헌이익: 2,000개×150+6,000개×30 = 480,000

매출배합 변경후 공헌이익: 8,000개×2/5×(500−b)+8,000개×3/5×30 = 480,000

∴ b = 395

∴ 특수필터의 변동판매관리비: 395−(150+60+90) = 95

13 ▶ 현재 시간배분

	A	B	C
단위당 공헌이익	300	250	400
단위당 소요시간	2	1	2
시간당 공헌이익	150	250	200
생산 우선순위	3	1	2
시장수요	150	270	40
필요시간	450	270	80
시간배분	100	270	80

▶ D제품의 시간당 공헌이익: $\frac{P-300}{4} \geq 150$

∴ D제품의 판매단가: P ≥ 900

14 하청의 제안 수락시 증분원가 = 215×1,000−1,000×200−7,000−9,000=(−)1,000

하청의 제안 수락시 증분원가 = 1,000x−1,000×200−40×1,000×10%−7,000

= 1,000x−211,000

1,000x−211,000=(−)1,000 ∴ x=210

15 단위당 변동원가 = (150,000+60,000)÷5,000=42

특별주문 수락시 기준판매수량 감소 = 5,000+1,500−6,000=500

증가되는 영업이익 = 1,500×(50−42)−50×(60−42)=₩3,000

[주관식]

12-1

구 분	제품 A	제품 B
변동제조간접원가	3,000	6,000
고정제조간접원가	12,000×100,000/150,000=8,000	12,000−8,000=4,000
제조간접원가	11,000	10,000

제품 A의 변동원가 = 25,000+20,000+3,000+30,000×0.4=60,000

제품 B의 변동원가 = 15,000+13,000+6,000+15,000×0.4=40,000

증분이익계산 = 제품A의 공헌이익 증가-제품B의 공헌이익 감소

= (100,000-25,000-20,000-12,000)×0.3-3,000×0.2-(50,000-40,000)

= ₩2,300

12-2 1. B부서 폐쇄의 경우

▶ B공헌이익 감소액:	(120,000 - 84,000) =	(36,000)
▶ 추적가능 고정원가 감소액:	40,000×(3/4) =	30,000
▶ A공헌이익 감소액:	(80,000 - 32,000)×10% =	(4,800)
▶ 이익증가(감소)액		₩(10,800)

2. 판촉비용 지출의 경우

▶ 부서 B 공헌이익 증가액:	(120,000 - 84,000)×10% =	3,600
▶ 월간 판촉비 증가액:	₩60,000 : 12 =	(5,000)
▶ 월간 영업이익 증가(감소)액		₩(1,400)

12-3 1. 총비용=320,000+50,000+30,000+240,000+360,000+14×100,000=2,400,000

따라서, km당 평균비용= $\frac{2,400,000}{100,000}$ = ₩24/km

2. 보험료, 라이센스 비용, 가솔린, 오일, 타이어, 수선비

3. 가솔린, 오일, 타이어, 수선비 등 변동비만이 관련비용이다. 연말이므로 다른 모든 고정원가는 이미 매몰원가(sunk cost)이다.

12-4 제품 1단위당 직접재료원가÷₩16=제품 1단위당 원재료수량

1. A : ₩108÷3파운드=36
   B : ₩216÷9=24
   C : ₩120÷4=30

2. A. 왜냐하면, 파운드당 공헌이익이 가장 크기 때문이다.

3. A 제품

12-5 외부공급을 받아들이는 경우

(증분수익)증가-임대료			₩800,000
(증분비용)증가-구입비용	30,000×210=	6,300,000	
감소-제조비용	(36+100+24+90×1/3)×30,000=	5,700,000	600,000
(증분이익)			₩200,000

외부공급자의 제안을 받아들일 경우 ₩200,000의 이익이 증가하므로 수락한다.

12-6 1. A
- 추가가공원가 63,000
- 추가가공수익 60,000(=4×15,000)
- 추가가공이익 ₩(3,000)손실

∴ 분기점에서 판매한다.

B
- 추가가공원가 80,000
- 추가가공수익 100,000(=5×20,000)
- 추가가공이익 ₩20,000 이익

∴ 추가가공한다.

C
- 추가가공원가 36,000
- 추가가공수익 28,000(=7×4,000)
- 추가가공이익 ₩(8,000) 손실

∴ 분기점에서 판매한다.

2. 결합원가는 매몰원가(sunk cost)이므로 추가가공의 의사결정과는 관련이 없다. 추가가공 여부는 추가가공의 증분수익과 증분비용을 비교하여 결정해야 한다.

12-7 1. 최선의 대안선택

	제품생산					
단위당	A제품	B제품	C제품	D제품	중간제품	폐품정리
판매가격	₩25,000	₩23,000	₩20,000	₩18,000	₩10,000	₩7,000
제조원가*	17,000	10,000	9,000	8,000	1,000	-
이 익	₩8,000	₩13,000	11,000	10,000	₩9,000	₩7,000

* 천연가죽의 취득원가 ₩2,000은 기발생원가이므로 의사결정과정에서 고려할 필요가 없다.

모든 대체안을 고려하여 의사결정을 하는 경우에는 가장 큰 이익(현금흐름)을 가져다주는 B제품을 생산하는 것이 유리하다.

2. 기회원가접근법

천연가죽을 제품생산에 사용할 경우에는 중간제품 형태로 판매하는 대안과 폐품상에게 처분하는 대안은 분석에서 제외된다. 이와 같은 접근법 하에서는 분석에서 제외된 대안 중 최선의 대안으로부터 얻을 수 있는 이익(현금유입액)을 분석대안의 기회원가로 사용한다. 본 문제에서의 기회원가는 중간제품 형태로 판매하는 경우에 얻을 수 있는 이익 ₩9,000이 된다.

	제품생산			
단위당	A제품	B제품	C제품	D제품
판매가격	₩25,000	₩23,000	₩20,000	₩18,000
제조원가	17,000	10,000	9,000	8,000
기회원가	9,000	9,000	9,000	9,000
이 익	₩(1,000)	₩4,000	₩2,000	₩1,000

제품생산대안만 고려하여 의사결정을 하는 경우에는 가장 큰 이익(현금흐름)을 가져다주는 B제품을 생산하는 것이 유리하며 이는 위 요구사항 1의 결과와 동일하게 된다.

〈기회원가와 기회원가접근법〉

▶ 기회원가(opportunity costs)

기회원가란 경제적 자원을 차선의 대체안에 사용하였더라면 얻을 수 있었던 순현금유입액을 말하며 모든 기회원가는 관련원가가 된다.

▶ 기회원가접근법

기회원가접근법에서는 각 대안 간 기회원가의 크기를 비교하여 의사결정을 하게 된다.

12-8 1. 증분접근법

증분수익	₩100×2,500	₩250,000
증분비용		
직접재료원가	$\frac{262,500}{7,500}\times 2,500$	87,500
직접노무원가	$\frac{300,000}{7,500}\times 2,500$	100,000

배취원가	₩500×25	12,500
증분이익(손실)		₩50,000

특별주문 수락시 마포(주)의 영업이익이 ₩50,000 증가하므로 수락해야 한다.

2. 생산능력이 9,000개라면 특별주문 수락시 1,000개의 외부판매를 포기해야 한다. 마포사가 6,500개를 기존 고객에게 판매하고 2,500개의 특별주문을 수락한다면 영업이익은 다음과 같다.

매출액(6,500×₩150+2,500×₩100)	₩1,225,000
직접재료원가(6,500×35*+2,500×35*)	315,000
직접노무원가(6,500×40**+2,500×40**)	360,000
배취원가(130***×500+25×500)	77,500
고정제조원가	275,000
고정마케팅원가	175,000
총원가	1,202,000
영업이익	₩22,500

* $\frac{262,500}{7,500}=35$, ** $\frac{300,000}{7,500}=40$, *** $\frac{6,500}{50}=130$

특별주문을 수락하지 아니하고 매달 7,500개만 판매할 경우의 영업이익

매 출 액	₩1,125,000
변동원가	
직접재료원가	262,500
직접노무원가	300,000
배취원가	75,000
고정원가	
고정제조원가	275,000
고정마케팅원가	175,000
총 원 가	1,085,000
영업이익	₩37,500

특별주문 수락시 영업이익이 ₩15,000(₩37,500-22,500)만큼 줄어들기 때문에 특별주문은 수락하지 말아야 한다.

3. 증분수익

증 가 ₩50,000

감소(10×7,500)	(75,000)
	₩(25,000)

이런 상황에선 특별주문을 거절해야 한다.

12-9 고정제조간접원가와 고정판매관리비의 단위당 원가는 총원가를 연간 기대조업도로 나눈 것으로 이를 변동원가로 생각해서는 안 된다.

▶ 제조원가예산-요약

	변동원가(단위당)	고정원가(총액)
직접재료원가	₩60	-
직접노무원가	32	-
제조간접원가	16	₩100,000
판매관리비	14*	140,000

* 특별주문 의사결정에서는 변동판매관리비에 특히 주의하여야 한다. 변동제조원가는 특별주문의 생산을 위해 반드시 발생하게 되는 원가이나, 변동판매관리비는 판매조건에 따라 발생하지 않거나 정규시장판매와는 다른 원가구조를 지닐 수도 있기 때문이다.

▶ 단위당 공헌이익

	정규시장	특별주문
판매가격	₩200	₩130
변동제조원가	108	108
변동판매관리비	14	4*
공헌이익	₩78	₩18

* ₩12,000÷3,000개=₩4

1. 연간 최대조업도 : 8,000개

   특별주문 3,000개는 유휴생산능력 3,000개(=8,000개-5,000) 내에서 모두 생산될 수 있다.

   ① 단위당 특별주문가격: ₩130

   ② 단위당 변동원가: ₩112

   ③ 의사결정

   특별주문을 수락하는 것이 단위당 ₩16만큼 유리하다.

	단위당	총 액
매출액	₩130	₩300,000
변동원가	112	252,000
공헌이익	18	₩48,000

2. 연간 최대조업도 : 7,000개

이 경우에는 특별주문 3,000개를 유휴생산능력 2,000개(=7,000개-5,000) 내에서 모두 생산할 수 없다.

(1) 정규시장 판매량 축소

① 특별주문으로부터의 총공헌이익: ₩18×3,000개=₩54,000

② 정규시장 판매량의 축소로 인하여 상실되는 총공헌이익:
₩78×1,000개=₩78,000

③ 의사결정: 특별주문을 거부하는 것이 ₩18,000(=₩66,000-48,000)만큼 유리하다. 특별주문을 수락하게 되면 ₩18,000만큼의 영업이익이 감소하게 된다.

(2) 설비임차

① 특별주문으로부터의 총공헌이익: ₩54,000

② 증분고정원가(임차료): ₩50,000

③ 의사결정: 설비를 임차하고 특별주문을 수락하는 것이 ₩4,000만큼 유리하다.

(3) 외부구입

① 특별주문으로부터의 총공헌이익

자가생산분	₩18×2,000개=	₩36,000
외부구입분	6*×1,000=	₩ 6,000
계		₩42,000

* ₩130-(120+4)=₩6

② 의사결정: 1,000단위를 ₩120에 외부구입하여 특별주문을 수락하는 것이 ₩42,000만큼 유리하다.

(4) ▶ 7,000개
▶ 특별주문량 x
▶ 정규시장 감소량 $0.1x$

12-10 1. 대안 1을 선택하는 경우

관련수익:	1,600,000×10%+608,000+401,250+196,000=	1,365,250
관련비용:	475,000×30%+80,000×1.1×7.6×80%+600,000=	1,277,540
관련이익:		87,710

2. 대안 2를 선택할 경우

관련수익:	50,000×2+401,250+196,000=	697,250
관련비용:		600,000
관련이익:		97,250

3. 대안 3을 선택할 경우

관련수익:	401,250+(196,000-25,000)=	572,250
관련비용:		600,000
관련이익:		(27,750)

∴ 회사는 대안 2를 선택하는 것이 가장 유리하다.

[공저자 약력]

황 국 재
서강대학교 경영학과 졸업
Michigan State University, MBA
Syracuse University, 경영학 박사
삼일회계법인, 공인회계사, 공인회계사·세무사 시험출제위원
(현재) 서강대학교 경영대학 교수
주요저서: 원가관리회계(홍문사, 공저)

양 준 선
서강대학교 경영학과 졸업
서강대학교 대학원 경영학과 졸업
California State University, Sacramento. M.S.
Temple University, 경영학박사
(현재) 서강대학교 경영대학 교수
주요저서: 가결산 공시 및 정정이 재량적발생액과 주가수익률의 상관관계에 미치는 영향

이 상 완
서강대학교 경영학과 졸업
서강대학교 대학원 경영학과 졸업
서강대학교 경영전문대학원, 경영학박사
세무사·관세사 시험출제위원
(현재) 동아대학교 경영대학 부교수
주요논문: 통제제도와 조직성과간의 관계에서 조직학습의 역할

제 9 판

관 리 회 계 [연습문제 해답집]

1995년 9월 10일 제1판 발행
2009년 4월 10일 제5판 발행
2016년 9월 20일 제8판 발행
2019년 8월 30일 제9판 발행

저자와의 협의하에 인지생략

공저자 황국재·양준선·이상완
발행인 임 권 규
발행처 弘文社

05855 서울시 송파구 송파대로 167 테라타워 B동 802호
등록 1993. 6. 24. 제1-1543호
TEL. (02)712-5311(代) FAX. (02)716-5311

값 8,000원

ISBN 978-89-7770-440-4 93320